大学生のための
メディアリテラシー・
トレーニング

長谷川 一／村田麻里子［編著］

テキスト

三省堂

装幀
（株）ローリングシー　五味崇宏

本書の活かし方──メディアを学び、メディアリテラシーを養う

　この本は、これからメディアやメディアリテラシーについて勉強を始めようとしている大学生のみなさんを支援するために編まれたものです。基礎から応用、発展まで、要点をきっちり押さえながら着実に理解を深めてゆくことができるのはもちろん、誰もが知っている身近なメディアを手がかりに、実践的な手法をとおした学びができるよう、十分に配慮され、工夫が凝らされています。思う存分に活用し、とことん使い倒してください。

　メディアリテラシーは、社会のあらゆる場所にメディアが入り込んだ現代において、必須の基礎力として要請されています。──というと、よく耳にするような、インターネット利用の危険性から身を守れという類の主張を連想するかもしれません。でもご安心を。「お説教」するつもりなどありませんから。

　「リテラシー（literacy）」とは読み書き能力のこと。だからメディアリテラシーとは、メディアを読み書きする力のことだといえます。注意してほしいのは、たんなる知識や即物的な技術的能力というより、知識に裏づけられた教養という意味あいを帯びていることです。幅広くて深い見識をもち、物事をしっかり把握して、的確な判断をくだすことができる力、それがリテラシーなのです。メディアリテラシーもまた、メディアを読み解き、メディアをつかって表現することをとおして、物事をさまざまな角度から捉え、論理的かつ柔軟に思考することができるような力を養うことと結びついています。

　つまり、メディアリテラシーを養う最大の意義は、メディアとメディアをめぐる世界のあり方を批判的に見つめかえし、それまでとは異なる相貌で捉えなおすことができるような視座を獲得することにあります。なぜなら、今日では誰もが多種多様なメディアを当然のように日々つかいこなしているため、私たちにとってメディアはあまりにも自然であたり前なものになってしまっているからです。実際には、まったく自明なものでないにもかかわらず。ですからメディアリテラシーとは、特殊な人のための特殊な技能なのではなく、誰もが身につけるべき素養であり、誰であれ身につけることができる力なのです。

　そのための柱となるのが、実践的な学びです。教師が学生に知識を授けるという従来からの座学的手法ではなく、身体をつかった活動のなかで、学生が自

身の気づきを育み、理解へとつなげられるようにデザインされた授業のこと。中心となるのは、学習者が自身のリアリティのなかでメディアとの関わりをあらためて発見しなおしてゆくプロセスです。教師が果たすべき役割は、知識の伝達というより、そのプロセスを支援することにあります。

メディアリテラシーにおいて実践的な学びが鍵を握るのは、どんなメディアも身体と結びついて行為や活動を織りなしているからです。実際、大学をはじめとする教育現場では往々にして、教師よりも学生のほうがメディアをより広く深く使用しています。ある意味では、教えられる立場の人のほうが、教えるはずの人よりも詳しく知っている。この逆説的状況に、従来型のやり方で対応できるはずがありません。リアリティに根ざした新しい発想が不可欠です。

本書の文章は、それぞれ独自の文体やスタンスをもっていますが、それも執筆者それぞれのリアリティに根ざしているためです。なぜこんな話題を扱うのか、どんなリアリティなのか、背景を想像してみましょう。そして学んだことはぜひ、読者それぞれのリアリティのなかに置きなおしてみてください。

本書は基本→応用→発展という3部構成をとっています。第Ⅰ部「基本」は、すべての出発点であり土台でもある核となるパートです。身近な種々の媒体を中心に、しくみや読み解き方など、基本となる重要項目が網羅されています。

つぎが第Ⅱ部「応用」です。ここではメディアという概念を少しずつ拡張し、撮影という行為や街中のサイン、ミュージアムの展示から、コンビニやディズニーランドといった空間までを扱います。時間的余裕がないときは、いくつかの章を選んで勉強してもいいでしょう。

なお第Ⅰ部と第Ⅱ部では、別冊のトレーニングシートを活用することで、簡単なワークショップを実施することができます。テキストとトレーニングシートを往復しながら、実践的で双方向的な学びのなかで理解を深めてください。

第Ⅲ部「発展」では、より根源的な問題へと遡り、物質性と身体性という観点からメディアを捉えかえします。このパートには、あえてトレーニングシートを付していません。まずはテキストをよく読むことから始めましょう。

さいごに、編集の労をとってくださった三省堂編集部飛鳥勝幸さんに御礼を申しあげます。

[長谷川一・村田麻里子]

本書の活かし方
　　　——メディアを学び、メディアリテラシーを養う——————1

第Ⅰ部　基礎　身近なメディアを考える

はじめに————————————————————6

第 1 章　テレビを考える①
　　——映像が伝えるもの、伝えないもの——————8

第 2 章　テレビを考える②
　　——番組編成・広告・産業としてのテレビ——————16

第 3 章　ニュースを考える
　　——私たちは何を共有しているのか——————24

第 4 章　ケータイ・スマートフォンを考える
　　——身体と空間をめぐる関係——————33

第 5 章　ソーシャルメディアを考える
　　——新しいコミュニケーション空間——————38

第 6 章　ネット社会を考える
　　——アーキテクチャとネット上の会話——————45

第 7 章　雑誌を考える
　　——紙のメディアの可能性——————52

第 8 章　ラジオを考える
　　——日常的な音との関わりから——————57

第 9 章　メディアとジェンダー、エスニシティ
　　——描かれること、描かれないこと——————65

第10章　メディアリテラシーの系譜
　　——3つの学びのモデル——————75

第Ⅱ部　応用　メディアを拡張して考える

はじめに————————————————————86

第11章　写真で地域を物語る
　　——自分なりの「ものの見方」とは——————88

第12章　自分を撮る
　　　——「わたし」が映す「わたし」——————— 95

第13章　街中にあふれる記号を読む
　　　——広告・サイン・貼り紙——————— 100

第14章　メディアとしての空間
　　　——展示を読み解く——————— 105

第15章　複製される空間と行為
　　　——コンビニを読み解く——————— 111

第16章　イメージの帝国
　　　——ディズニーランドを読み解く——————— 116

第Ⅲ部　発展　物質性と身体性から考える

はじめに——————— 124

第17章　「よく知っている」を捉えなおす
　　　——認知地図・カメラ・トマソン——————— 126

第18章　「わたし」とは誰なのか
　　　——デジタルストーリーテリング——————— 134

第19章　のぞき見ることと見せること
　　　——テクノロジー・映画・アトラクション——————— 147

参考文献——————— 153
執筆者紹介——————— 159

コラム1　インターネット時代のマスメディア——————— 14
コラム2　インターネットと広告——————— 22
コラム3　インターネットと表現の自由——————— 31
コラム4　インターネットと倫理——————— 43
コラム5　初音ミクとN次創作——————— 50
コラム6　異文化を理解する——————— 63
コラム7　メディア教育——————— 73
コラム8　大学でメディアリテラシーを教えること、学ぶこと——————— 82

I

基　礎

身近なメディアを考える

はじめに

　第I部では、身近なメディアのしくみについてひとつずつ考えていくことで、メディアリテラシーの基本となる2つの重要な概念を理解しましょう。まず、「メディアはメッセージ」であるということ、そして「メディアは構成されている」ということです。

　ソーシャルメディアをつかってつぶやく、大学で講義を聴く、好きなバンドのライブにでかける。みなさんが日々おこなっている活動のほとんどが、メディアを介したコミュニケーション活動です。いったいどこがコミュニケーションなんだろう、と思う人もいるかもしれません。しかし、ここに挙げたどれもが、誰かによって発信されたメッセージを誰かが受け取ることによって成立しています。人と人とのコミュニケーションを媒介させ、その橋渡しをするもの、それがメディアです。

　このとき、それぞれのメディアは、ある独特のやり方でそのコミュニケーションを成立させています。たとえばテレビにはテレビの、ラジオにはラジオの媒介の仕方があり、テレビとラジオでは、同じ試合を中継する場合でも、その伝え方は異なります。そして、その結果私たちが受け取る試合の内容（どんな試合だったか）や印象も、異なったものになります。このように、メディアはそれぞれ固有の伝達様式で、情報を媒介させています。本書ではメディアリテラシーをさまざまな位相や深度をもつ能力であると捉えていますが、まずはこのメディア固有の様式を理解することが重要です。

　この考え方の背後にあるのは、カナダ出身のメディア論者マーシャル・マクルーハンの「メディアはメッセージ（'The medium is the message.'）」という有名なテーゼです（マクルーハン 1964=1987）。伝達される内容ではなく、メディアこそが、あるいはメディアそのものがメッセージである、と言い換えたほうがわかりやすいかもしれません。メディアが伝える内容は、どのメディアでそれを伝えるかによって異なること、あるいはその影響を受けることが、やや誇張された言い回しで表現されています。

　「メディアはメッセージ」であるとすれば、メディアを介して伝達される情報がどのように組み立てられているのか、あるいは構成されているのかは、メ

ディアによって異なってくるといえます。情報がどのように構成されるのか、それぞれのメディアからじっくり考えていこうというのが、この第Ⅰ部です。

「メディアリテラシー」とは、より具体的にはメディアを理解したり、分析したり（＝読む）、メディアで何かを伝えたり、表現する（＝書く）能力をさします。インターネットが登場して以来、今日では誰もが「受け手」にも「送り手」にもなっていることは、指摘するまでもないでしょう。ですから、読むことと書くことをバランスよく身につけることは切実な課題です。そもそも両者は車の両輪のような関係にあります。メディアで「書く」ためには、まずはメディアを受容する能力を養うことが不可欠です。

そこで第Ⅰ部では、メディアで「書く」ことを視野に入れつつ、まずはメディアを「読む」ことに主軸を置いて学びます。10章から成るこのパートでは、テレビの映像や産業の構造に始まり、スマートフォンやインターネット、さらには雑誌やラジオのしくみを学び、そしてメディアリテラシーがそもそもどのような背景を経て生まれた概念なのかを考えます。より身近な主題からならんでいますが、必ずしもこの順序を守って勉強する必要はありません。ただ、順序はどうあれ、なるべくなら第Ⅰ部はすべての章を学べるとよいでしょう。

ここでは、マスメディアはもちろん、比較的新しいメディアの動向に目配りをしていながらも、拙速に結論を出すことは慎重に避けています。特定の結論への到達を目標にするというよりも、つねに問いつづけ、まわりの人びとと一緒に考えていく姿勢こそが、メディアリテラシーの基礎となるものです。トレーニングシートに取り組むさいにも、「テストの正解」を探そうとするのではなく、そのような問いや発見や対話を積み重ねていくこと、そしてなによりもみなさんが楽しみながら取り組むことが、もっとも大切です。

［村田麻里子］

テレビを考える ①

映像が伝えるもの、伝えないもの

🔊 解説

1. テレビは何を伝えているのか

本章ではまず、私たちの身近なメディアのひとつ、テレビが何をどのように伝えているのかについて考えてみましょう。

図1.1.は、情報番組の場面例です。ニュースの「リード」とよばれる部分で、VTRに入る前にキャスターが要点を数十秒で読みあげる場面です。この画面を見て、みなさんはテレビの送り手（制作者）が伝えようとしていることは何だと思いますか。もちろん第一に、ニュース

図1.1. 情報番組の場面例。

の内容そのものがあります。タイトル字幕に出ているように、このニュースは「桜の開花」を伝えています。それだけでしょうか。まずは、図をじっくり見て考えてみましょう。

私たちがふだん何気なく見ているテレビをあらためて注視してみると、画面にはさまざまなものが表示されていることがわかります。通称「スーパー」と称される字幕だけでも、企画の主タイトルから、左右に表示されるサイドスーパーまで、二重三重はあたり前です。右上にある「満開はいつ？」といった質問形式のスーパーは、時に、答えが気になる私たちをテレビの前から離れられなくさせます。便利な機能的表示もあります。この例では、左上に時報が示されています。朝の通勤通学時間帯にはすっかりおなじみですね。その時間、時計代わりにテレビをつけている人も少なくないでしょう。さらにその横には、

天気予報も出ています。各地の天気を定期的に切り替えながら伝える表示も頻繁に見られます。技術革新とともに、近年のテレビは、映像だけでなく文字や絵をつかってさまざまな情報を一度に届けています。

こんどは背景のセットに注目してみましょう。向かって左側のキャスターの横には、なにやらぬいぐるみのようなものが置いてあります。放送局のイメージキャラクターです。局の存在を印象づける役割を果たすもので、ニュースの内容とはまったく関係ないはずですが、ちょうど映り込むようによい位置に置いてあります。一方、キャスターの前にあるテーブルには、後日放送されるスポーツ特番の日時が書いてあります。こうした、局内の他番組の宣伝がさりげなく表示されていることも少なくありません。さらに、気づきにくいところでは、キャスターの洋服です。報道番組などでは示されないこともありますが、衣装協力（提供）で借用していることが多いのです。制作者や出演者にとっては、費用をかけて多くの服を用意する必要がなくなり、提供する側にとっては、商品を幅広く見てもらうチャンスとなります。視聴者のなかにはキャスターの最新のファッションを楽しみにしている人もいるでしょう。ファッションにしても、他番組の宣伝にしても、こうした趣向は、見る側にとってひとつの有用な情報であるとも考えられますが、いずれも同時に広告的な役割を果たしていることはいうまでもありません。

こうして、たったひとつの画面を細かく見ていくだけでも、テレビは一度に種々の意図と意味をもった情報を伝えようとしていることがわかります。そうした表現の背景には、送り手側の、「より多くの人に見てほしい」という願いと工夫があることは、みなさんも推測がつくでしょう。次章で詳しく紹介しますが、どのくらいの人たちが番組を見ているかということは、テレビを支える経済的基盤と結びついています。それだけではなく、社会で起きているさまざまな出来事を多くの人たちに伝えることは、テレビの重要な役割でもあります。番組に関心を向けてもらうためにはどのようにすればよいのか、必要な情報は何なのか、送り手が思考し、構成した結果であるのは確かです。ただし、見過ごしてはならないのは、それらのなかには、私たちがその意図を意識していないものもあり、そこには、私たちからは見えにくい送り手側の論理が隠されていることもあるということです。

2. テレビはどのように伝えているのか

　そうしたテレビを読み解くためには、どうすればよいのでしょうか。ひとつの方法として、ここでは、あえて、テレビがカメラで撮影された映像で構成されているという、基本的なしくみに立ち返って考えてみましょう。

　まず、図1.2.を見てください。みなさんは、この犬がどのくらいの大きさだと思いますか。小型犬でしょうか、中型犬でしょうか。これは、筆者がこの犬の「かわいらしさ」を伝えたいと思い、そのように見える角度をねらって撮影したものでした。もし「大きさ」（じつは中型犬）を伝えたいと思ったならば、全身を何か

図1.2.　かわいらしさを強調した犬の写真。

と一緒に撮影すれば、明確だったでしょう。しかし記録的要素が強くなり、「かわいらしさ」はあまり伝わらなくなってしまうかもしれません。このように、カメラが対象をどのような意図で、どのような角度から撮るかによって、その見え方や伝わり方は大きく変わってきます。

　たとえば、図1.3.はインタビュー映像の例です。2つを比較して見たときに、どのような違いを感じますか。同じ目線の高さから撮影した画面よりも、少し下からあおって撮影したもののほうが説得的、あるいは威圧的な印象を受けないでしょうか。なぜなら、映像を見ている私たちは、カメラのレンズと同じように、被写体を下から見上げて話を聞いていることになるからです。インタビューを受けた人がどんな内容を話しているのかに関係なく、カメラがどの角度から撮影するかによって、その印象は大きく変わってきます。

図1.3.　インタビューの画像例。

このように、私たちが何気なく見ているテレビ映像は、カメラと同じ目線、まなざしで、私たちが対象をながめることを、必然的にうながしています。もちろん送り手は、意図的に内容をねじ曲げたり限定しようとしたりしているわけではなく、たんに、伝えたい内容をどのように撮影し編集したらよりわかりやすく自然に伝えられるのか、あるいは時にあえて不自然さを演出することでいかに印象を残すか、を考えながら送りだした結果といえるでしょう。しかし、私たちがふだん、自分のカメラで何かを撮影するときに、その対象のありのますべてを同時に残すことができないのと同様で、カメラが伝える映像は、けっしてその現実のすべてではなく、一部を切り取ったものにすぎないのです。しかし、テレビが、そうした特性をもった、映像に媒介されたコミュニケーションであることを、私たちは意識しているでしょうか。ニュースで、あるいは情報番組で見た映像が、その出来事や場所のまるですべてのように理解をしてしまってはいないでしょうか。

3．テレビは何を伝えていないのか

　カメラで撮るということはつねに何かを切り取ることであり、テレビが伝える映像は、送り手の目線から見た映像にすぎません。もちろん、編集をとおして多様な目線（映像）を織り込むことは可能です。実際のところ、さまざまなサイズや角度から撮ったカットを織り交ぜながらシークエンス（シーンやカットのつながり）はつくられるものです。しかし、いかなる映像も、編集も、送り手の主観をまったく排除することは難しいと考えるのが自然でしょう。そうすると、必ずそこからこぼれ落ちる何かがあるということを、私たちは見逃してはならないでしょう。

　たとえば、記者会見の映像を思い起こしてみましょう。カメラは会場の後方や横に構えて撮影をすることが一般的です。記者が会場を埋め尽くしたようすを後ろから映した広い映像や、会見者がカメラのほうに向かって話すようすはたびたび映しだされます。しかし逆に会見者の背越しから撮った映像など、反対側から見た会場のようすが映しだされることは一般的に多くはないでしょう。ときどき、そのような映像が差し込まれると、「これだけ多くの記者の前で話すのは緊張するだろうな」といった、会見者の心情が急に想像できたりするも

のです。しかしそれがなければ、私たちは、会見をしている人の目線で、その会見をながめ、考えることのないまま、そのニュースを見終えることになります。

　これは映像に限ったことではありません。たとえば、お昼のニュースで考えてみてください。同じ時間帯に、すべての局のニュースを同時に見るということはなかなか難しいかもしれませんが、比べて見てみると、それぞれニュースの順番は異なっていることがわかります。何をトップニュースにするのか、どんな順番でどのくらいの長さにするのか。どんなニュースをとりあげ、そして、とりあげないのか、その価値づけは番組のデスクやディレクターなどの判断によります。もちろん、複数の制作者で議論が重ねられます。また、伝えたくても映像がオンエアの時間までにまにあわなかったり、確実な裏づけがとれなかったりして、物理的に伝えられないものもあります。しかし、いずれにしても、決まった番組時間枠内に、その日のニュースを取捨選択して収めなくてはならないのであり、そうすると、必然的にどうしてもとりあげられないニュースが出てきます。しかし、私たちが、どんなニュースがとりあげられなかったのか、そして、それがなぜとりあげられなかったかについて知ることは、残念ながら難しいのです。そして、考えなくてはならないのが、それはもしかするとある人たちにとってはさほど重要ではないニュースだったかもしれませんが、別のある人たちにとっては非常に重要なニュースだった場合もあるかもしれないということです。何がニュースであるのかという判断は非常に難しいものです。ジャーナリストの菅谷明子は、「事実を切り取るためにはつねに主観が必要であり、また、何かを伝えるということは、裏返せば何かを伝えないということでもある」と記しています（菅谷2000：vi）。

　では、私たちは何をすべきでしょうか。大切なのは、その限界と可能性を知り、しっかりと受け止めることでしょう。もちろん、送り手自身が、テレビの孕む特性や限界を真摯に受け止めながら番組を制作することも強く求められています。一方、私たちは、映像が伝えていないものはいったい何なのかを想像しながらテレビを見るということはとても大切です。そこからこぼれ落ちているものは何なのか。なぜ伝えられていないのか。送り手はどんな選択をし、何を伝えようとしているのか。できるだけ多くの視点や立場を想像しながら、ぜ

ひ視聴をしてみてください。

　そのうえで、多様なメディアに接するということも、ひとつの方法としてあげられるでしょう。あとの各章でもとりあげるように、メディアにはそれぞれの様式や特性があり、応じて伝えられる情報の内容は、それぞれに異なっています。それらを総合的に捉えていくことは、情報があふれる社会に対して主体的に向きあっていくうえで、非常に重要なことでしょう。

◆ 学びのポイント

　テレビを読み解くとき、私たちはどうしても「伝えられているもの」に注目しがちです。「伝えられていないもの」を見出すというのは、なかなか難しいものです。そのためには、できるだけ数多くの例に触れることが必要でしょう。たとえば、過去の番組や、海外の事例と比較してみるのもよいでしょう。近年はテレビ局のウェブサイトでもニュース映像を見ることができるので、同じニュースや話題を、各番組がどのように伝えているのかを比較して見てみるのもよいでしょう。それらをぜひ相対化して考えてみてください。

［林田真心子］

コラム1
インターネット時代のマスメディア

　マスメディアとは、新聞、雑誌、テレビ、ラジオなどのように、広く収集した情報をメディアの形式に合わせて編集し、不特定多数の人びとにほぼ同時に一方向的発信するメディア形態をいいます。このメディア形態が生まれたのは19世紀から20世紀にかけて、通信、映画、放送など大衆に広く情報を伝達できる技術が登場したことが大きな要因でした。当時は工業化にともなって大衆（＝マス）とよばれる都市生活者が増大した時代でもあり、マスメディアは社会の需要とも相まって急成長していきました。

　それから一世紀。20世紀から21世紀にかけて進行するデジタル技術の普及とともに、世界は再びコミュニケーション技術の大変革期を迎えています。なかでもインターネットの登場が社会に及ぼしている影響はきわめて大きいといえるでしょう。

　その影響は社会のさまざまな場面で見られますが、これまでマスメディアが独占してきた不特定多数の人びとに発信する機能を一般の人びとに開放したことは、きわめて大きな変化でしょう。「マス」と括られてきた人びと自身が、広汎に「コミュニケーション」する時代になったわけです。誰もがカメラ付きのモバイルメディアを持ち歩いているので、最近では事件事故が起こったときに、一般の人びとが現場で撮った写真や映像がマスメディアに登場することも珍しくなくなりました。ツイッターなどをつかって視聴者の意見を番組に反映させるような演出も増えてきています。

　この変化はマスメディアにも大きな影響を及ぼしています。たとえば新聞社や雑誌社は紙媒体のみならず、インターネット経由でニュースや記事を配信するようになりました。テレビ局もほぼすべての番組でホームページを設けてい

ますし、テレビ番組のネット動画配信もさかんにおこなわれ始めています。紙メディア、電波メディア、インターネットメディア、それぞれの特性を活かしてコンテンツや広告を発信するクロスメディア展開も日常化しつつあります。

　しかし一方で、インターネットでは自分が知りたい情報を効率的に集めることができますが、知ろうとしていないこと、知りたくないことなどとの情報に接する機会が減って、結果的に意見や関心の違いを超えて社会的な課題を共有したり、建設的に議論することが難しくなるとの指摘も出てきました。

　マスメディアはこれまでも世の中で起こっていることを広く集め、できるだけ正しく伝え、意見の異なる集団のあいだにコミュニケーションを発生させる「公論」の場をつくる役割を担ってきました。メディア環境が変わっても、社会のなかにそのような機能が必要であることは変わりません。瞬時に広く情報共有できる電波、情報の安定的な保管に優れた紙媒体、双方向性を発揮しやすいインターネット。それぞれの特性を組み合わせ、新しい時代の社会的コミュニケーションの形を模索していくことも、今後のマスメディアには求められているといえるでしょう。

[古川柳子]

テレビを考える ②
番組編成・広告・産業としてのテレビ

◀)) 解説

1.「番組編成」と視聴時間帯

　テレビの仕事というと一般に、ニュース取材、ドラマ撮影、スポーツ中継というような制作の現場がイメージされるかもしれません。しかし、番組の内容を制作する前に、いつ、どんな内容を、どの地域に放送するか、番組制作にどのぐらいの予算をかけるかなど、決めねばならないことがたくさんあります。

　いつスイッチを入れてもほぼ一日中、なんらかの映像が流れているテレビ。そのなかから私たちが見たい映像を見つけられるのはなぜでしょう。いうまでもなく、新聞のラジオテレビ欄やテレビ受信機内蔵の電子番組表（Electric Program Guide：EPG）で、どのチャンネルで何時に、どういう番組が放送されるか確認できるからですね。この「番組」という枠組みはあまりにも日常的なものなので、あらためてその意味について考えることはないかもしれません。しかし、本来切れ目のない電波を時間で区切り、「番組」を設定する番組編成はテレビ産業のなかで非常に重要な仕事です。番組編成があって初めて放送内容を制作できますし、テレビを支える経済は編成されたCM時間を売ることによって成り立っています。ある番組が全国ネットになるか地方だけでしか見られないかという決定にも編成が大きく影響しています。つまり、番組編成はテレビ産業の基盤となる枠組みをつくる機能なのです。

　そもそも「番組」の語源は能楽に由来するといわれます。能楽では1日に五番（初番目＝脇能、二番目＝修羅能、三番目＝鬘物、四番目＝雑能、五番＝切能）の演目を演じるのが本式とされますが、この「五番の出し物で内容や流れをどう組むか」というところから「番組」という言葉は生まれました。今日の放送法では、「「放送番組」とは、放送をする事項の種類、内容、分量及び配列をいう」（放送法2条28）と定義されています。つまり「番組」は放送される内容

だけでなく、それがどれぐらいの長さ、どのような順番で放送されるかという時間編成の概念を含む言葉です。つまり、24時間という時間の流れの上に、番組が連なるタイムテーブルをつくっていくのがテレビの番組編成で、それは放送全体の設計図を書くような重要な仕事といえます（佐田 1988）。

　どういう内容の番組を、どんな流れで編成していくかを決めるさい、もっとも重要なのは番組が編成される時間帯における視聴者の状況です。テレビ番組の編成の歴史と、社会のなかのテレビ視聴習慣の形成は相互に深く関わりあってきました。今では考えられないことですが、1953年にテレビ放送が始まったとき、NHKでも1日6時間ほどしか放送をしていませんでした。テレビ受信機は一般家庭に普及しておらず、繁華街の街頭テレビが人気を集めていました。日常の生活感覚も今とは違いました。まだラジオのほうが一般的なメディアだった時代には、朝食や出勤登校の準備に忙しい朝の時間帯はテレビ視聴には向かないとされていたのです。朝からテレビを見る習慣が定着するようになったのは、今でも放送が続いている「連続テレビ小説」（NHK、1961年開始）や、ワイドショーの原点といわれる「木島則夫モーニングショー」（NET・現テレビ朝日、1964年開始）など、毎朝定時になると同じ番組が始まるいわゆる「帯番組」が編成されるようになった1960年代以降といわれています。家事をしながら聞いているだけでもドラマの筋が追えるよう「連続テレビ小説」のナレーションは工夫がされ、「ワイドショー」では朝の時間帯に家にいる主婦にとって関心のあるテーマ設定や、茶の間とスタジオをつなぐ生放送の演出方法がつぎつぎと開拓されました。

　このように、ある時間帯に新たに編成され番組が視聴者の潜在的ニーズをつかむことで、いつのまにか新たな視聴習慣が生まれるという現象は他の時間帯でも見られます。1980年代後半に、帰宅の遅いサラリーマンをターゲットにした10時以降の大型ニュース番組が続々と登場したケースや、深夜帯の実験的な番組が若者たちに支持されることで、ゴールデンタイムなみの視聴率をとるようになった現象なども、視聴者の生活時間にあわせた「番組」の開発が、それまでとは違うテレビの視聴時間をつくりだした例だといえるでしょう（NHK放送文化研究所 2003）。

2. テレビ放送を支える経済——広告のしくみ

　視聴率競争という言葉がありますが、なぜテレビにとって人に見てもらうことがそんなに大切なのでしょう？　当然、番組制作の担当者たちは自分が企画・制作した番組をできるだけたくさんの視聴者に見てほしいと思っています。現在のところ、どれぐらいの人がテレビを視聴したかを知る唯一の指標となっているのが視聴率です。そして、この視聴率には経済的な指標というもうひとつの側面もあるのです。

　広告のしくみはテレビに始まったものではなく、それ自体の歴史を参考にしていただきたいのですが（高桑1994）、メディアを継続的に運営していくためには、それを支える経済が必

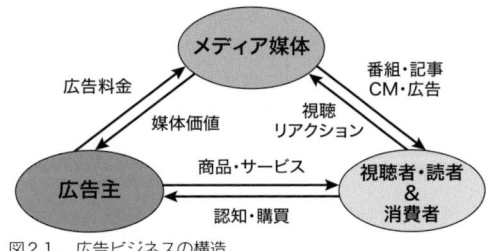

図2.1.　広告ビジネスの構造。

要です。テレビの場合、NHKは一般視聴者が聴視料を払いますが、民放テレビ局には私たちはお金を払わずに自由に番組を見ていますね。民放局はCMを放送する対価としてスポンサー企業が払う広告料で運営されているわけですが、だからといって私たち視聴者がテレビ局の運営とまったく無関係というわけではありません。図2.1.は広告ビジネスの構造を図示したものです。広告主はテレビ局がCMを放送することに対して広告料金を払います。そのお金はどこから出ているかというと、私たちが企業の商品やサービスに対して払うお金に上乗せされています。広告主から見れば視聴者は消費者という側面ももっているわけです。CMだけ放送してもなかなか見てもらえませんから、番組のあいだにCMを流す形式が定着したわけです。

　広告料金を決めるにはCMがどれだけの人びとに見られたかを測る媒体価値の基準が必要になります。そこでCM前後の番組の視聴率が一義的にはテレビ広告の媒体価値の指標とされているのです。よく「スポンサーが番組を買う」という言い方がされますが、番組内容に対して広告主がなんらかの権限をもっているわけではありません。広告主はあくまでもCMを流す時間を買っています。当然、どの企業もたくさんの人にCMを見てもらいたいので、ゴールデンタイムは視聴者が少ない時間帯より時間の単価が高くなります。つま

り、視聴率の良し悪しは、その「番組」の時間の価値に影響するのです。

　しかし、このようなビジネスに関することを番組制作者がスポンサー企業と直接交渉をするわけではありません。テレビ局のなかには営業を担当するセクションがあり、ここが広告代理店と協力しながら編成された番組枠にスポンサーを探してきます。営業担当者と番組制作者のあいだには、利害の違いもありますから、番組内容の独立性を守ると同時に、テレビ局の経済を成立させるための調整や判断をおこなうことも編成担当者の役目です。それぞれの時間帯の需要に合った番組が編成され、視聴者に受け入れられる内容が開拓されれば、その時間帯に放送されるCMを目にする人の数が増え、CM時間は高く売れるようになります。つまり、より多くの人びとに番組を見てもらうことは、テレビというメディアの経済にも直結しているのです。

3. テレビ・ネットワークの役割

　ある番組が全国に放送されるのか、限られた地域にしか放送されないかでは当然、その番組の媒体価値は変わってきます。しかし、日本の地上波のテレビ局で日本全国に放送をする免許をもっているのはNHKだけです。民放の場合、キー局とよばれる東京のテレビ局でも関東圏で放送する免許しかありませんし、各県の地域局には各県内での放送しか許可されていません。ではなぜ、私たちは日本全国で同時に同じ番組を見ることができるのでしょう？

　ここで大きな役割を果たしているのがテレビのネットワークです。日本の民放の場合、東京のキー局5局を中心に、全国の地域局が提携する5つのテレビ系列ネットワークが組まれています。このネットワークには大きく分けて2つの役割があります。ひとつは全国のニュースを集める取材網ネットワークとしての役割です。各地で発生する出来事をその地域のテレビ局が取材をして、系列局間で共有することで、全国で起こっている出来事を、全国同時に知ることが可能になっています。地域局は各県域の情報を全国に発信する役割をもっているのです。そしてもうひとつは、キー局（準キー局の場合もある）が制作した番組を全国で放送する送出ネットワークとしての役割です（図2.2.）。

　各テレビ局の編成表のなかには、全国で同時にキー局制作の番組を放送する時間帯（ネットタイム）と、地域局が独自に制作・購入した番組を編成し放送

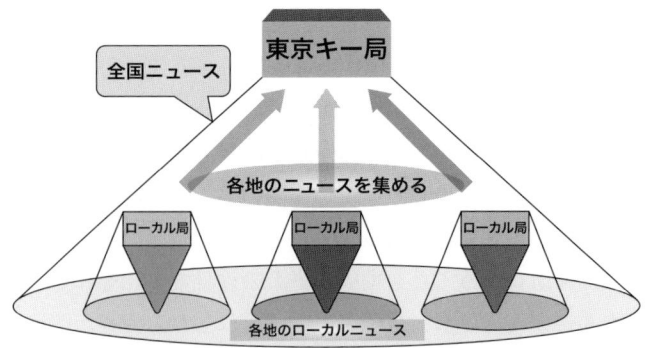

図2.2. 全国ニュースのしくみ。

する時間帯（ローカルタイム）があります。企業から見れば、全国同時にCMを放送できればそれだけテレビの媒体価値は上がりますが、そのためにはキー局といえども系列局の電波もつかわなくてはなりません。全国ネット番組のスポンサー企業は系列局の電波をつかったぶんも含め、CM料金をまとめてキー局に支払い、キー局はこの広告料を各系列局に電波を借りた料金として配分するしくみになっているのです。したがって、キー局がネットタイムにどういう番組を編成し、それがどういう評価を受けるかは、系列の地域局の経済にも大きな影響をもたらす要素になります（図2.3.）。

私たちが日々見ているテレビ番組は、このように複雑な産業構造のなかで編

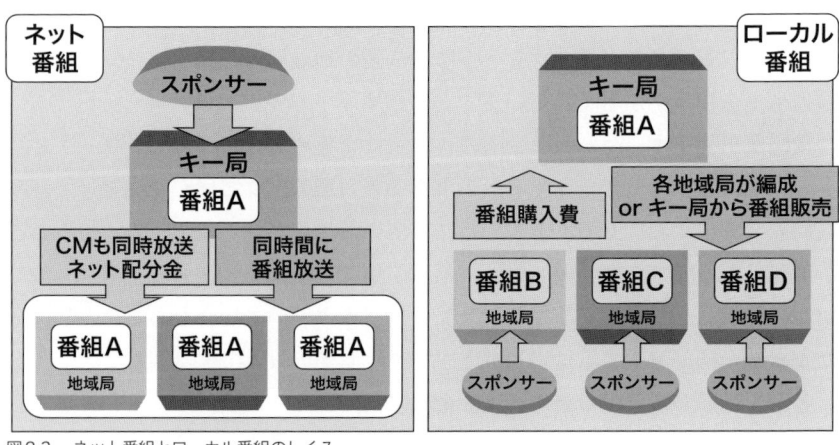

図2.3. ネット番組とローカル番組のしくみ。

成・制作されています。今日では、BS, CSなどの衛星放送やケーブルTVに加え、インターネットやモバイル媒体などの通信メディアも普及し、メディア環境が重層化してきています。これにともないテレビ局も地上波テレビの番組編成を考えるだけではなく、そこで制作された内容を他メディアに配信したり、テレビ以外のメディアの特性にあわせてコンテンツを企画制作することも多くなってきました。また、録画視聴が増え、パソコンやモバイル機器などでオンデマンド放送を見ることも一般化するなか、リアルタイム視聴にタイムシフト視聴を加えた総合視聴率も導入されるようになりました。20世紀に発明され、社会の基幹メディアとなってきたテレビの産業構造は、メディア環境の変化のなかで新たな過渡期を迎えているといえるでしょう。

▶ 学びのポイント

「産業構造」というと、ともすれば企業側の話となってしまいがちですが、視聴者が日常的に接点をもつテレビ画面との密接な関係のなかで、テレビを支える経済や系列ネットワークのしくみがあるという視点が大切です。自分たちがあたり前のように目にしている番組表や、無料でテレビを見ていることの裏側にどのようなしくみがあるかを知ったうえで、テレビと向きあう必要性があります。

［古川柳子］

コラム2
インターネットと広告

　検索サイトで調べものをしたり、SNSで情報交換したり、動画を見たり。インターネットの登場で私たちの生活はずいぶん便利になりました。でも、これだけのことをなぜ無料でできるのでしょう。その便利さをあたり前のこととして享受しながら、それを可能にしているインターネットの広告のしくみについては、私たちは意外と無頓着なのではないでしょうか。

　日本でインターネットが一般普及しはじめた1990年代なかばから今日までのあいだに、インターネット広告は急激な多様化を遂げてきました。人気のあるホームページに細長い枠を設けて企業のリンクを貼りつけたバナー広告を皮切りに、メールが普及すれば電子メール広告、検索サイトが登場すれば検索キーワード広告、動画サイトが人気を集めれば動画広告、というように新しいネットサービスが登場するたびに対応した広告が考えだされてきたといっても過言ではありません。しかしインターネット広告は、新聞やテレビなどのように広告欄やCM枠が明確に決められておらず、コンテンツと広告がリンクしていたり、ユーザーの行為が広告に組み込まれていくなど、複雑な構造をもっているものが多いのです。

　たとえばバナー広告。これはただたんにHPに広告が貼りつけられているわけではなく、ユーザーがクリックするとハイパーリンク機能で広告主の企業サイトにユーザーを誘導するしくみになっています。今やネット広告の主流となっている検索キーワード広告は、あるキーワードが検索されたタイミングで関連する広告が提示されるよう、スポンサー企業と検索企業が契約をしています。たとえば「マンション」という言葉を検索した人は、不動産を購入したい、リフォームをしたい、インテリアに関心があるなど、理由はさまざまだったとし

ても、なんらかの動機で「マンション」に関心をもっている可能性があります。つまり、あなたが検索することによって、関心をもっている領域の広告がタイミングよく提示されるしくみになっているのです。さらに、あなたがどういうサイトに行き、どういうコンテンツを見て、何をクリックしたか、というインターネットの中の行動がデータとして記録される技術を利用して、個人の嗜好性を自動的に割りだし、それにあった広告を出すパーソナライズド広告というしくみも一般的になってきました。

　今後も、インターネット広告はまだまだ多様化していく可能性があります。しかし、インターネットのなかでの個人のふるまいがデータ化され、ユーザーが知らず知らずのうちに企業のマーケッティングに取り込まれる方向にインターネット広告の流れがあることは否定できません。もはやインターネットをつかわない生活が難しいのであれば、その便利さを無料で享受できるしくみがどうなっているか、そのなかに自分がどう組み込まれているのかを知ったうえで向きあう必要があるでしょう。

[古川柳子]

③ ニュースを考える
私たちは何を共有しているのか

🔊 解説

1. ニュースとは何だろう

　みなさんはニュースというと何を思い浮かべるでしょう。朝や夜、テレビから流れる報道番組でしょうか。それとも毎朝届く新聞の記事か、もしくはPCやスマートフォンでチェックするウェブの速報でしょうか。さまざまなメディアから届けられるニュースにより、私たちは今社会で起きている出来事を知ります。毎日私たちはニュースを見聞きし、世の中の景気や為替の動向、政治情勢、社会問題、流行の洋服や食べ物などの情報を受容しながら社会生活を送っています。ニュースとは日々社会で新しく起きる出来事を私たちが共有するためのある特定のメディア様式といえます。

　しかし、何がニュースになるのかというと答えは簡単ではありません。日々、世の中では無数の出来事が起きているのに、テレビや新聞でとりあげられるのはそのなかのほんの一握りです。報じられないけれど、自分にとってはニュースということもたくさんあるでしょう。赤ちゃんが初めて歩いたり、笑ったりしたことだって、お母さんやお父さんにとっては大事なニュースです。こうした「ニュースとは何か」という答えの曖昧さは歴史的視点から見るとより明らかです。『ニュースの歴史——ドラムから衛星まで』を書いたミッチェル・スティーヴンスは、ニュースは人の知らせたい、知りたいという欲求にもとづいていると述べ、文字文化より前の口承文化までその起源を遡りました。部族の太鼓の音や人びとの噂話などニュースの解釈を拡げつつ、近代ジャーナリズムや産業化など今に至るまでのニュースを相対化し、その変遷を明らかにしました。ニュースが産業的に確立され、第三者的視点からの記事が毎日発信されるという私たちがよく知っているニュースは近代以降に生まれたものです。ニュースの選択基準・様式は絶対的なものではなく、それぞれの社会で人びとがつ

くりあげてきたといえるでしょう。

　この章では、ニュースは社会的な人工物と捉え、そうした意味あいを含んで用いるニュースという語を〈ニュース〉と表記します。まずは社会的に生産される場に焦点をあて、私たちを取り巻く〈ニュース〉の特性を考えていきましょう。くりかえしになりますが、最初からニュースという何か特別な出来事が存在するのではなく、無数の人びとの営みのなかから特定の出来事が〈ニュース〉として選択され、〈ニュース〉の様式に加工され、〈ニュース〉になります。そうした認識を前提として始めましょう。

2.〈ニュース〉の生まれる場「記者クラブ」

　朝や夜にご飯を食べながらテレビをつけると、ニュース映像が流れているのは日常的な光景です。チャンネルを替えてもとりあげられる〈ニュース〉はほぼ同じです。新聞も一緒で、朝刊にならぶ記事は、同じ話題ばかりを目にします。〈ニュース〉は特別に選択された出来事であり、それぞれ異なる放送局や新聞社が選択して〈ニュース〉になるのに、同じ話題ばかりがならぶのはなぜなのでしょうか。何が重要かという〈ニュース〉の判断基準はおのずと似るということもあるとは思いますが、日本のマスメディアには独特の〈ニュース〉を生みだす場があることとも関係があります。

　日本のテレビや新聞の多くの〈ニュース〉は「記者クラブ」という欧米など多くの国にはない取材システムから生まれます。「記者クラブ」とは大手新聞社や通信社、放送局の記者によって構成される任意組織です。19世紀末に記者たちが議会や官庁など公権力にまとまって対抗するために誕生したものの、戦中には政府発表をそのまま流すプロパガンダの拠点として機能しました。戦後になり親睦団体として再スタートしましたが、事実上マスメディア企業の取材拠点となりました。日本新聞協会は「公共機関などを継続的に取材するジャーナリストたちによって構成される「取材・報道のための自主的な組織」」と定義づけています[1]。内閣府の永田クラブや自民党本部の平河クラブを始め、記者クラブは官公庁、政党、経済団体、地方自治体、警察、商工会議所、文化団体など中央から市町村までの主要な社会機関に置かれ、その数は全国に約800あるといわれています[2]。クラブに加盟している会社の担当記者たちは、

各機関の記者室にデスクをもって取材活動の拠点とします。そこではクラブ主催の記者会見が開かれ、当局から発表資料が届き、企業など外部から投げ込まれるプレス・リリース資料が集まります。取材源に置かれた記者クラブは情報の集積場となり、そこに所属していることでニュースのリソースが提供されます。日々記事を書いていくことを可能とするニュース生産の合理的なシステムともいえるかもしれません。

しかし記者クラブはくりかえし批判されてきました。まず閉鎖性の問題です。記者クラブへの加盟は日本新聞協会に所属している新聞、放送、通信社に制限され、雑誌者やフリーランス記者、外国メディアは入れないことが多くありました。実質的に既存の国内マスメディア企業が取材源を独占しているとの批判があがってきました。また、官公庁や政府、警察、企業が公表すると決めた内容をそのまま報じる発表ジャーナリズムや各社変化の乏しい横並び報道に陥りがちとの批判もあります。発表をもとにした記事の準備で自主取材の時間がとれないとの声もあがっています。さらに、その距離の近さから取材元である権力組織との癒着の問題も懸念されています。

3. 枠づけられる日本型〈ニュース〉

こうした記者クラブという〈ニュース〉の生産環境はひとりひとりのジャーナリストの意識を超えて、何がニュースとなるのかを枠づけていきます。では、このような枠のなかで生まれる日本の〈ニュース〉はどういう特徴をもつのでしょうか。ひとつ目は、社会の中枢組織を情報源とした第三者による〈ニュース〉という特徴です。一般の人びとにはアクセスが難しく、社会を動かしている中央機関の情報を日々最大公約数的に得られるというのは、社会の動きを把握するのに役立ちます。また、権力をもちうる当事者ではなく、独立した第三者の立場からの〈ニュース〉であるという点も、民主主義にとって非常に重要です。同時に私たちは、その第三者も無色透明な存在ではなく特定のマスメディア企業や組織であるということ、国内に閉じた発表と横並びの〈ニュース〉となる可能性があるということも念頭に入れておく必要があります。

もうひとつは、記者クラブ型取材で得られないことは〈ニュース〉にならないということです。そこからこぼれ落ちたもの、たとえば、大学生のあいだで

何が流行っているか、子育て中の両親の悩みは何か、社会の大多数の一般の人びとの暮らしのなかに潜む出来事は〈ニュース〉になりづらいのです。若いアーティストの展示やパフォーマンス、無名のバンドのライブ、中小企業や地域、市民活動における試行錯誤や萌芽的な取り組みも拾いあげづらいでしょう。読者のごく身のまわりの現在進行形の出来事とマスメディアの〈ニュース〉には距離があるということは指摘できるでしょう。

　こうした何が〈ニュース〉になるのかという問いと関連して、「議題設定（アジェンダ・セッティング）」というマスメディアの効果に関する研究があげられます。もともとは1972年にアメリカのマクスウェル・E・マコームズとドナルド・L・ショーの論文で提案されたものです。マスメディアの機能として大きいのは、報じるひとつひとつの内容ではなく、今何が問題かという社会的な議題の選択に影響力をもつという指摘でした[3]。〈ニュース〉としてとりあげられないと多くの人には伝わらずその問題は社会問題として認識されない、つまり存在しないことになってしまう、ということを考えると、この議題設定は重要な議論です。日本の場合、記者クラブという〈ニュース〉生産のしくみにより、みんなが同じ議題にばかり集中しやすく、多様性のある〈ニュース〉は生まれづらいのが課題といえるでしょう。

　記者クラブのみではなく、その他の日本のメディア環境も〈ニュース〉を枠づけています。たとえば、情報の流通の問題があります。日本には世界有数の発行部数を誇る全国新聞があり、また、全国に放送局を置く公共放送のNHKに加え、民間放送も東京の5つのキー局が、各県のローカル放送局と系列関係を結び全国的ネットワークを形成しています。政治・経済の中心機能のある東京発のニュースが全国くまなく届くような流通インフラが整備されているのです。この情報ネットワークは中央集権を進めた戦時統制化に整理されたもので、それがメディア産業に引き継がれ巨大なマスメディア・システムとして20世紀をつうじて発展しました。そうした環境のなかで流される〈ニュース〉は、東京のまなざしを強く織り込んだものとなります。地方どうしを結びつける回路は脆弱であり、全国の人びとに伝わる〈ニュース〉はいったん東京を経由し全国各地に届けられます。東京の視点から選ばれた〈ニュース〉が、東京の視点で編集され、日本中に流されています。地域発の〈ニュース〉がないわけで

はありませんが、そうした地域の〈ニュース〉の多くは生産された場で消費され外へ広がっていきません。ここでもトップダウンではない人びとの日常に根ざした多様性のある〈ニュース〉は生まれづらいという特徴があるのです。

4. インターネットと新たな〈ニュース〉の模索

　現在はインターネットによりマスメディア以外からの〈ニュース〉も多くあるのではないか、と考える人も多いと思います。これまで見てきたような中央集権的で画一的な20世紀型マス〈ニュース〉は、インターネットが一般的に普及する1990年代末になるまでは、他に選択肢はなく、それこそがニュースという位置づけでしたが、それは絶対的なものではなくなりました。インターネットの誕生は、マスメディア企業で働く一部の送り手のみが大多数の受け手に情報を一方向的に流すマス・コミュニケーションとは異なり、誰もが送り手になる多元的なコミュニケーション環境を生みだしました。物事の当事者、大企業、一個人、どのような立場の人・組織も世界中の人びとにメッセージを送ることができる新たな〈ニュース〉を生みだす機会を得たのです。

　しかし、こうした多元的な情報環境が〈ニュース〉の多様性を担保したかというと、それほど単純ではありません。たとえば、日本では「2ちゃんねる」などの匿名のウェブ掲示板が発達しましたが、そこでの書き込みはマスメディアの〈ニュース〉をもとにして（ネタにして）いるものが多くあります。反対するにせよ賛同するにせよ、それらの議論はマスメディアによる〈ニュース〉への応答です。先に述べた「議題設定」理論を思い出せば、話題にあがるのが記者クラブ型マスメディアにより語られたことばかりに集中するのであれば、20世紀型マス〈ニュース〉の枠に留まったままということになります。ブログやTwitterなどのウェブサービスにより個人やグループによる経験や日常にもとづいた〈ニュース〉が無数に投稿されているといえます。しかし、一部の著名人を除き、こうした個々の情報はその数の多さゆえに埋もれてしまい、読み手も少数です。また、SNS（ソーシャル・ネットワーキング・サービス）はさかんですが、そこでの〈ニュース〉は知り合いや共通の関心をもった人とばかり交換されます。居心地はいいけれど、排他的な小さなコミュニティが増え、情報発信は私的に留まりがちです。

一元的なマスメディアを乗り越え多様な市民の声をあげるような〈ニュース〉を広げようという動きもありました。一例として2000年代初期の、プロのジャーナリストではない、一般の人びとを「市民記者」とした「日刊ベリタ」「JanJan」「PJニュース」「日本版オーマイニュース」などの「インターネット新聞」づくりの取り組みがあげられます。いずれも記者のなり手、記事の投稿数などが伸びず、大きな動きにはなりませんでした。理由はいくつかあるものの、ひとつにはテーマの選び方・様式・文体いずれも既存のマスメディアによる〈ニュース〉の型を抜けだせなかったということがあります[4]。一般の市民が書きやすく、また市民ならではの特徴をもった新たな〈ニュース〉を生みだすことが書き手にとっても読み手にとっても必要でしたが、できませんでした。
　その後、動画共有サイトから発展した「ニコニコニュース」やブログを集めた「BLOGOS」など、日本でもウェブ独自に発展し一定数の読者を獲得している〈ニュース〉は生まれました。しかし、それらはマス〈ニュース〉とは取材対象も読者も異なった棲み分けの関係にある専門紙的な役割を担っていたり、さまざまなオピニオンを伝える論壇誌などの雑誌的な内容であったり、既存のメディアの生態系にも位置づけられるものです。革新的なインパクトをもった新たな〈ニュース〉メディアは生まれていないように思います。〈ニュース〉は今後も新たな形が模索されていくでしょう。
　ひとつ確実にいえるインターネットによるインパクトは、マスメディアによる〈ニュース〉を絶対的なものではなく、ある特定の送り手によるひとつの〈ニュース〉として相対化したことです。マスメディアによる記事は、個人によるブログやTwitter、官公庁や政治家のホームページ、企業や自主的サークルのFacebookなどのさまざまな〈ニュース〉とフラットに置かれ比べられるようになりました。そして相対化はデジタル技術に支えられ脱文脈的に進んでいます。たとえば、「Yahoo!ニュース」や「Googleニュース」、「SmartNews」のような各社の記事やウェブの情報を集めたアグリゲーターサイトやアプリ、もしくは自主的につくられた「まとめサイト」から〈ニュース〉を読む人も多いように、人はある新聞社のニュースをその新聞の紙面やサイトから読むとは限りません。記事はリンクによってさまざまな掲示板に貼りつけられ、ブログやSNSで引用され拡散されます。もともとは、ある特定の紙面のために取材され、

執筆されていたニュースは書き手の想定していた目的や場、オーディエンスとは異なって受容されています。送り手と受け手の意図や解釈のずれが起きやすくなるなど新たな課題も生まれています。

こうした相対化における変容のなかで、既存のマス〈ニュース〉はその特性を他の〈ニュース〉やコンテンツと差別化できる付加価値として先鋭化していくかもしれませんし、他のコンテンツと融解し新たな〈ニュース〉の様式を生みだすのかもしれません。また、新しいコミュニケーション技術を取り入れる動きばかりでなく、地域では市民との協働の紙面づくりに取り組む新聞社もあります。メディア産業だけでなく、ニュースに関わる私たちの誰もが、多様な出来事のなかからニュースとして誰が、何を、どのように、誰に伝えているのか、現状の環境のなかでできていること、できていないことを検討し、これからの〈ニュース〉のあり方について考えていくことが重要になっています。

学びのポイント

世の中にはニュースが初めからあるのではなく、特定の出来事が〈ニュース〉として選択され、加工され、提供されているという基本的な考え方をまず理解することが大切です。これは自分でも記事を書いてみるトレーニングシートの課題に取り組むことで実感することができるでしょう。その理解の上に、今自分たちを取り巻く〈ニュース〉にどのような特性があるのか、その良い点、問題点は何か、自分の考えを積みあげていきましょう。現状批判に留まらず、新しい〈ニュース〉にはどのようなあり方があるのかを議論しましょう。

［土屋祐子］

1 日本新聞協会「記者クラブに関する日本新聞協会編集委員会の見解」http://www.pressnet.or.jp/statement/report/060309_15.html、2006年。（2015年2月9日閲覧）
2 天野勝文・橋場義之「漂流する21世紀の記者クラブ」『新現場からみた新聞学』学文社、2008年、p.20。
3 McCombs, Maxwell E. and Shaw, Donald L., The Agenda-Setting Function of Mass Media. Public Opinion Quarterly, Vol.36 Summer 1972, pp.176-187.
4 土屋祐子「インターネット新聞を作る」田村紀雄・白水繁彦編『現代地域メディア論』日本評論社、2007年。

コラム3
インターネットと表現の自由

　私たちは、国や政府などから妨げられたり干渉されることなく、自分の思いや考えを自由に発表し、また他者の発表を見たり聞いたりする権利（知る自由、知る権利）をもっています。これは、憲法21条で保障された表現の自由です。この表現の自由は、私たちの人格形成や自己実現に役立つとともに、国や地方の政治、とくに民主政治（民主主義）を維持・発展させていくためになくてはならないものです。

　一方、今日のインターネットの急速な普及は、私たちに新たな表現手段を提供することになりました。私たちは、チャットや掲示板を使って、あるいは自分のウェブページ、ブログやフェイスブック、ツイッターを利用して、好きな情報を発信し、また、ネットサーフィンによって、たくさんのコンテンツから情報を入手することができます。このことをさして、「インターネットはすべての人を表現者とした」ともいわれます。私たちは、これまでどちらかというと、マス・メディアの情報を受け取るだけの立場でしたが、インターネットの出現によって、いまや情報の発信者として、これまで以上に、表現の自由を享受できるようになりました。みなさんは、表現の自由の行使者として、表現の自由をうまく使いこなせていますか。

　ネットを使った表現は、その特性上、瞬時に広範に拡散し、元となる情報を削除してもネット上は半永久的に残ることになります。相手の名誉やプライバシーを侵害する場合は、処罰や損害賠償請求の対象となります。また、いじめや差別を目的とする表現、わいせつな内容の写真や映像を掲載したり流したりすることも、同様に問題となります。ネットの利用は、私たちの生活を便利で快適にする反面、このように危険やリスクをともなうことになります。これら

の点は、ネットを利用する場合、まずは基本的に留意しておくべきことです。

　表現の自由が、私たちの人格形成や自己実現に関わっており、また、民主主義社会を守っていくうえで大変重要であることは、すでに述べました。アメリカの憲法学者キャス・サンスティーン（Cass Sunstein）は、この後者の民主主義と表現の自由の関係について、ネット利用に際し、「なぜ人はフィルタリングをするのか」という問いを立てています。みなさんは、ネット検索で、自分が読みたいもの、聞きたいものだけを探し出し、そのようなものだけを毎日見ていませんか。情報検索を自分の好みに合わせてカスタマイズしていませんか。サンスティーンに言わせれば、このことがフィルタリングであり、みなさんは、これを行うことで、ネット新聞「デイリーミー」（Daily Me：日刊の「わたし新聞」）を、毎日自分で発行していることになります。どうしてこれが問題となるのでしょうか。

　サンスティーンは、このようなことが進むと、表現の自由のしくみが働かなくなり、市民の政治参加がうまくいかなくなって、民主主義が成り立たなくなるというのです。人々は「デイリーミー」を読みすぎると、おたがい社会的に孤立し、あるいは気のあった者とだけコミュニケーションをとるようになり、社会について「共通体験」をもつことができなくなります。こうして、社会の問題を解決するための民主的な討議が難しくなるというわけです。これは、フィルタリングそのものがいけないということではありません。ネット上、表現の自由をどのように行使するかは、私たちのフィルタリング能力に関わっているといえます。

　　　　　　　　　　　　　　　　　　　　　　　　　　　［松井修視］

④ ケータイ・スマートフォンを考える
身体と空間をめぐる関係

🔊 解説

1. ケータイ・スマートフォンと私たちの身体

　たとえば、カフェで友人と談笑している場面を想像してください。ふとひとりが自分のケータイに届いたメールを見ると、もうひとりもなんとなく手持ちぶさたになって自分のケータイを見始め、そのまましばらくたがいに黙ったままでケータイを操作するという場面によく遭遇します。あるいは、電車のなかや路上でイヤホンをつけて通話している人がいると、端から見ると何もない空間に向かって笑顔で話しかけているように見えて、違和感を覚えることがあるのではないでしょうか。

　一緒にいるのにたがいに無言で画面に向きあっているときの微妙な気まずさや、公共の場で見えない相手に向かって親しげに話しかけている人の異様さの理由は、「身体はここにあるにもかかわらず意識は他の空間にある」という点にあります。そうした微妙な違和感をきっかけとして、ケータイやスマートフォンが提供する機能と私たちの感覚とのあいだには「ずれ」があることに気づかされます。この「ずれ」から生じる違和感は、たんなるマナーの問題（「他人と一緒にいるのに黙ってケータイのメールを読むなんて失礼だ！」とか、「公共の場で大声で通話するのは迷惑だ！」といったこと）として片づけられてしまうことがありますが、ほんとうは、「今自分の身体がある空間と、ほかの空間とを接続する」というケータイ・スマートフォンの機能と、それをつかう私たちとの関係を考えてみるよい機会なのかもしれません。

2. 電話機からケータイへ

　日本国内の2014年の携帯電話・PHSの契約数は、約1億5000万件近くにのぼります[1]。これは、日本の人口を10%以上うわまわる数です。契約数だけか

らいえば、今や日本人は一家に1台どころではなく、一人1台以上の携帯電話などの通信端末を所有しているわけです。

　そもそも携帯電話は、移動しながら通話できる電話機として、固定電話から分離して発展してきました。しかし今日、家庭やオフィスに置かれている固定電話と、移動しながらつかうことができるケータイ・スマートフォンとでは、「通話する」という機能以外にはあまり共通点が見られなくなってしまいました。「携帯してつかうことができる電話＝携帯電話」は、通話だけでなくメールの送受信や写真撮影、インターネット閲覧のための新しい小型の電子機器として、2000年代ごろから「ケータイ」とカタカナで表記されるようになりました。さらにスマートフォンでは、搭載されているOS（オペレーティング・システム）にあわせて必要なアプリを選んでつかうという点で、電話機というよりもむしろパーソナルコンピューターに近い機器だともいえます。

　こうした「電話機からケータイへ」の劇的な変化は、つぎの3つの側面が混ざりあって展開してきました。第一に、本体の形や機能の変化。持ち運びしやすく小型化・軽量化してきたことと同時に、メールの送受信、写真・動画の撮影、音楽プレイヤー、ゲーム、インターネット閲覧などの多くの機能が小型の端末に搭載されてきました。第二に、移動しながらの通話を可能にする通信技術の発展が携帯電話の普及を支えてきたという、技術的な側面。そして第三に、ケータイ・スマートフォンをつかう私たちの接し方、つまり身体や意識との関係の変化です。本章ではとくに、この第三の点について考えてみましょう。

　身体をめぐる関係をおおまかに見ると、つぎのように言えます。すなわち、もともと「家庭の内と外」をつないでいた電話が、しだいに「個人と個人」を直接結びつけるメディアとなり、さらに一人1台以上を所有するようになったことで「つねに身につけている」メディアになったのだと。その経緯とは、次のようなものです。

　日本では、1960年代頃から固定電話が個人の家庭に普及してきました。最初のうち、電話機は玄関の下駄箱の上などに置かれるのがふつうでした。つまり、玄関が空間的に家庭の内と外との境界であるのと同様に、電話機も、「家庭の内と外」という構造を前提としたうえで、家族のひとりひとりを外部の社会へと接続させるメディアでした（吉見・若林・水越 1992：64-65）。それが

1980年代ごろからコードレス電話が普及したことにより[2]、自分の部屋のなかなどで通話することがふつうになります。しだいに電話は、「家庭の内と外」という構造とは関係なく、「個人と個人」とを直接に結ぶメディアへと変化してきたわけです。さらに、基地局と端末のあいだを無線通信で結ぶ移動電話の技術が確立したことで、固定電話回線につながった親機が必要なコードレス電話ではなく、屋外を移動しながらつかうことのできる自動車電話や携帯電話へと展開していきます。発売当時はショルダーバッグほどの大きさがあった携帯電話も、片手でつかうのに適した大きさになり、つねに身につけてつかうことが可能になりました。こうして携帯電話は、個人が使用するメディアとして、1990年代半ばから急速に私たちの生活のなかに溶け込んでいきました。

　通話以外の機能についてはどうでしょう。1999年にサービスを開始したNTTドコモの「iモード」や[3]、カメラ機能の搭載とともに始まったJフォンの「写メール」のサービスなど、日本では独自の規格に準拠した多機能な携帯電話が発展してきました。日本のケータイを「ガラケー」とよぶことがあるのは、この独自性のためです。「ガラケー」は「ガラパゴスケータイ」の略で、日本独自の発展をしたケータイを、他の島との接触がないために動植物が独自の進化をとげたガラパゴス諸島になぞらえて揶揄したものです。しかし技術と若者文化との相互作用によって発展してきた日本のケータイは、独自のユニークな文化のひとつだともいえます。

　その後、日本では2008年にApple社のiPhoneが発売され、スマートフォンの契約台数が急速に伸びていきました。自分のつかいたいアプリをインストールするスマートフォンでは、「多機能な携帯電話」としてのガラケー以上に、多様な機能を選べます。電話とはいっても、もはや通話以外の目的で使用する機会のほうが圧倒的に多いのです。朝起きてから夜寝るまで、現在のスマートフォンはいつでも私たちの身体とともにありますし、お風呂やトイレに入るときも手にしているという人も珍しくないかもしれません。そしてこの小さな端末からメールやソーシャルメディアをつかうことで、私たちの意識はいつでも外のコミュニケーション空間につながっていることを、さほど特別だとも感じなくなりました。生活のなかのちょっとした空き時間を埋めてくれて、自分の身体とまるで同化したかのように手元にあるのがあたり前の透明なメディア。

現在のケータイやスマートフォンは、そんなメディアだといえそうです。

3. ケータイ・スマートフォンの「あたり前」を疑う

　さて、ここまで見てきたようなこと、すなわち、ケータイ・スマートフォンというメディアが私たちの身体に貼りついていることと同時に、私たちの意識はソーシャルメディア上などの別の空間へとつながっているという特徴は、私たちの公共空間での身体のつかい方の変化、つまりふるまいの変化にも関係しています。

図4.1. 新幹線の整備・点検用車両「ドクターイエロー」を撮影する人たち。（東京駅にて筆者撮影、2014年）

ふつうは誰でも、個人の空間でのふるまいと公共空間でのふるまいは別のものと考えていますが、ケータイをつかうときにはその境界が曖昧になります。そのため冒頭で紹介したような「ずれ」に違和を感じる場面に遭遇する、というわけです。その結果、公共の場での携帯電話の使用を制限するルールが設けられることもありますし、「ずれ」が「ずれ」として感じられなくなるように、むしろ私たちの感覚のほうが変わっていくこともあります。

　たとえば珍しいものや美しい景色を見たとき、なにかハプニングがあったときなど、すぐにケータイやスマートフォンをとりだして写真を撮ることがあります。もはやそれが習慣になっている人もいることでしょう。「二度と見られないかもしれないものを今見ている」と思ったときに、それをよく見て覚えておこう、味わおうと考えるよりも先に、写真を撮って残しておこう、誰かに見せよう、と身体のほうが先に動いてしまう。これは、ケータイやスマートフォンのように毎日身につけてつかうものにカメラの機能がついていることによって生まれた習慣といえます。

　こうした変化は、「便利さ」として肯定的に受け入れられる場合もあれば、マナー違反や非常識などとして非難される場合もあります。どうすることが正しいかを考え、一定のルールなどを決めることが必要な場合もあるでしょう。しかし一歩さがって、なぜそうした状況が生まれたのか、私たちは何に違和を

感じているのか、と考えてみることにも大きな意味があります。なぜなら、メディアは技術の発展によってのみ進展するのではなく、私たちの身体や感覚との関係のなかで変化していくものだからです。そして、いつでも手元にあることがふつうだと感じるようになったケータイ・スマートフォンが、どのように「身体の一部」といっても過言ではないほどに自然に私たちの日常に溶け込んでいるのか、今自分があたり前だと感じることがそうでない場合もあるのではないか、と疑ってみることが、現在のケータイ・スマートフォンを考えるためのひとつの方法といえるかもしれません。

「自撮り棒」をつかってより魅力的なセルフィーを撮影することも（第12章）、撮った動画をどこからでもインターネットに公開して他人と共有できることも、GPS機能をつかって「GPS絵画」を描くことも、10年前にはケータイのあたり前のつかい方ではありませんでした。同様に、これから10年後にはこれらはあたり前のつかい方ではなくなっていることでしょう。みなさんは10年後、どのような立場でどのような生活をしているでしょうか。その生活のなかで、ケータイやスマートフォンはあなたにとってどのようなメディアになっているでしょうか。自分にとってもっとも身近な自分の身体を中心として、自分とケータイ・スマートフォンとのこれからの関係を想像してみてください。

学びのポイント

ケータイ・スマートフォンは、身近で親しみのあるメディアである一方で、教育の場ではマナー違反や依存症への注意喚起など、ネガティブな面が強調されがちです。あまりにも私たちの身体と同化し、日常生活に溶けこんでいるこのメディアについて、少し距離をおいた位置から見直してみましょう。

［宮田雅子］

---

1 一般社団法人電気通信事業者協会「携帯電話・PHS契約数／事業者別契約数」による。http://www.tca.or.jp/database/（2015年6月18日閲覧）
2 電話回線につながれた親機と、その近くにある子機とが、無線通信で結ばれた電話機。
3 携帯電話でメールの送受信やインターネット閲覧などをできるサービス。NTTドコモに続いて他社もこうしたサービスを提供するようになった。

5 ソーシャルメディアを考える
新しいコミュニケーション空間

◀) 解説

1. ソーシャルメディアは危険なものなのか

　2013年、「バカッター」という言葉がインターネット上での流行語になりました。「バカッター」は、「バカ」と「Twitter」を組み合わせた造語で、たとえば飲食店のアルバイト従業員が顧客に提供する食材で遊ぶなどのモラルに欠けた行動を写真に撮影してTwitterで公開したことにより、インターネット上で爆発的に多くの非難にさらされただけでなく、場合によってはアルバイトを解雇されるなど、実生活にも影響が出るような事態が相次いだ現象をさします。マスメディアでも報道されたため、あまりインターネットを利用しない人にもこうした事態が知れ渡りました。

　たった1枚の写真やほんの数行の短い文章が、笑いごとでは済まない事態を招いてしまうのを見て、多くの人は、「問題になるとわかっているような写真を、なぜわざわざTwitterで公開したのか」と、疑問に感じたことでしょう。Twitterなどのソーシャルメディアで写真を公開するということは、親しい友人に直接写真を見せるのとはわけが違うからです。どうやら、ソーシャルメディアのつかい方（アカウントのつくり方や、写真のアップロードの仕方、といった操作方法など）を知っていることと、そこがどんなコミュニケーション空間で、どのようにふるまうべきかを知っていることとのあいだには、へだたりがあるようです。この章では、ソーシャルメディアがどのような空間なのかを考えてみましょう。

2. インターネット上でのコミュニケーション

　ソーシャルメディアは、インターネット上で双方向のコミュニケーションをおこなうことができるしくみとして、2000年代半ばを中心に登場してきました。

全体を管理・運営するための中心がある中央集権型のネットワークではなく、相互に結ばれた分散処理型のネットワークであるインターネットは、世界中のコンピューターからアクセスすることができる巨大なコミュニケーション空間を形づくっています。とくに2005年にティム・オライリーによって提唱された「Web 2.0」の概念のとおり[1]、現在のインターネットでは、情報の送り手／受け手の構造は流動的になり、またハードウェアやOSの種類に関係なくパーソナルコンピューターやケータイ・スマートフォンなどさまざまなデバイスからアクセスすることができる開かれたネットワークが実現しました。そうしたネットワーク上でソーシャルメディアとよばれるものには、TwitterやFacebook、InstagramなどのSNS（ソーシャル・ネットワーキング・サービス、またはサイト）のほかに、文章や写真を載せたウェブページを作成することができるブログ、LINEやSkypeなどのテキストチャットやインターネット電話、Wikipediaに代表されるような誰でもウェブ上の情報を編集することのできるシステムであるWiki、YouTubeなどの動画共有サイトといった、多様な種類のものが展開しています。

　ソーシャルメディアは、情報の送り手／受け手という構造をもったマスメディアとは異なり、インターネットを前提とした技術を用いて、企業や組織でなくても個人の誰もが情報の発信者になることができるという特徴があります。ケータイやスマートフォン、タブレット端末などのデバイスからも手軽にアクセスできるため、ソーシャルメディアを利用するユーザーの層も広がっています。そのため、従来とは異なる形で人びとがつながったり、コミュニティを紡いだりするようになりました。

　2011年の東日本大震災のさいには、知人の安否確認やライフライン情報の交換などにソーシャルメディアが役立ったことでも注目されました。とくに、インターネットを介して社会的なネットワークを構築することのできるSNSを利用することには、多くのメリットが指摘されています。たとえば、マスメディアでは報道されないような限られた地域の情報を入手することができたり、同じニュースに対するさまざまな意見を見ることができること、さらには自分自身も情報を発信して他者と共有することで趣味のあう友人が新しくできたり、場所にしばられずに友人との交流を深められることなどです。一方で、「バカ

ッター」のように、不用意な発言や投稿に対する糾弾のコメントが極端に集中して実生活にまで影響が及び「炎上」のような現象が起こったことは、冒頭でも紹介したとおりです。そこまででなくても、匿名性の高いネット上の掲示板では、ネガティブなコメントがいくつもつけられているのを見て不愉快な思いをする、といった機会も多く起こるようになりました。ときにはネトウヨ（ネット右翼）などによる極端に排外的で閉じたコミュニティが形成され、過剰なまでの誹謗中傷の言葉がウェブページ上にあふれることもあります。その結果、他者から非難されることを避けるために、誰に見られても問題のなさそうな当たり障りのない話（食べ物や天気のことなど）しか書けなくなってしまったという人もいることでしょう。実際、口頭で話すこととは違って、一度発信した情報はインターネット上のサーバから消すことはできませんし、デジタルデータはいくらでも複製できてしまいます。このように私たちは、インターネット上で日常的に、これまでなかったような「新しい」コミュニケーションの形を経験しています。

3. デザインされたコミュニケーション空間

　インターネット上で展開されるソーシャルメディアのサービスを運営しているのは、ほとんどが企業です[2]。サービスの運営には、サーバなどのハードウェアの購入やそのメンテナンスにかかる人件費、施設設備費などが必要なはずですが、なぜ私たちはこうしたサービスを無料で受けることができるのでしょうか。ここにひとつ重要なポイントがあります。ソーシャルメディアは誰でも自由に情報を発信することを可能にしましたが、そのコミュニケーション空間は誰かがデザインしたものである、という点です。現実の空間では街や駅や学校という場を誰かがデザインしているのと同じく、インターネット上のメディアもデザインされているのです。ここでいうデザインとは見た目の造形や意匠の意味だけではなく、広い意味で、その空間が誰かの手によって設計されているという意味です。

　Instagramで写真を共有してコメントをもらうことも、Twitterで140文字以内のテキストをアップすることも、設計された仕様の範囲内で受けることができるサービスです。そこにどんな写真やテキストをアップするかはユーザーの

自由ですが、それはそのサービスの範囲内での自由にすぎません。多くのコメントをもらえそうな写真の撮り方や、多くの人にRT[3]してもらえそうなテキストの書き方のように、いつのまにかサービスを利用している自分自身のものの考え方が、そのサービスの形式に影響を受けていることもあります。タイムラインという情報表示の形式にも、私たちは影響を受けています。大量の情報がタイムライン上を流れては消えていき、新しい情報に反射的に反応することが習慣化していないでしょうか。また、無料で受けられるサービスはすべて経済活動と無縁というわけではなく、むしろ見えにくい形で収益をあげるためのしくみが組み込まれていることもあります。たとえばFacebookの画面には、「広告」と書かれたエリアが表示されることがあり、そのユーザーが登録している年齢、性別、居住地などのプロフィールや行動履歴にもとづいて、より効果的な広告が表示されます。ユーザー全員に同じ広告を表示するよりも、より興味をもちそうなユーザーを選んで広告を表示するほうが効率が良いためです。この場合、ユーザーは消費者と見なされているわけです。こうしたことは一概に良い／悪いと切り分けることができませんが、デザインされたコミュニケーション空間の特徴をサービスの利用者自身が自覚したうえで、そのサービスを受ける必要があるでしょう。

4．ソーシャルメディアとつきあうために

　電車の待ち時間などのちょっとした時間に、ケータイやスマートフォンのような小さな端末から全世界へとつながることができるソーシャルメディアは、たんなる暇つぶしから有意義な情報交換まで、新しいコミュニケーションを生みだす可能性を含んだメディアだといえます。しかし裏を返せば、自由に情報を発信できるということは、表現の責任がすべて自分にあるということでもあります。この章では、ソーシャルメディアのつかい方を知っていることと、それがどのようなコミュニケーション空間であるかを知っていることとのあいだにはへだたりがある、と考えるところから出発しました。ソーシャルメディアをつかうことで、さまざまな新しいコミュニケーションの形が生まれたことも見てきました。インターネットの技術は、私たちが暮らしている実際のリアルな空間とは異なる、特殊なコミュニケーション空間を生みだしています。そう

した状況のなかで、ふだん自分はどのようなコミュニケーションをおこなっているかを自覚すること、また、実際の空間とソーシャルメディア上のコミュニケーション空間とのあいだを往復し、うまく使い分けることが必要なのではないでしょうか。なぜなら、ソーシャルメディア上のコミュニケーション空間とは、私たちが利用することでつねに新しく更新されていく場でもあるからです。

学びのポイント

　スマートフォンなどの普及とともにより身近になったソーシャルメディアは、新しいコミュニケーションの形を拓くと同時に、ネットいじめや炎上などのネガティブな現象も引き起こし、極端なメリット／デメリットが取り沙汰される傾向にあります。しかし、局部的な現象だけでなく、これらのサービスがどのように成立しているのかを理解し、特徴を理解したうえでソーシャルメディアをつかいこなしていく方法を考えることがこの章の目的です。

［宮田雅子］

1　特定の技術や明確な概念を示すものではないが、従来とは異なる発想にもとづくインターネット関連の技術やサービスの特徴を「Web2.0」とよんだ。情報やサービスの送り手と受け手が固定されていた従来の状態が流動的になり、双方向性をもったことなどがその特徴である。

2　ウィキメディア財団（非営利組織）が運営しているWikipediaのような例もあるが、その場合はおもに寄付金などの資金で運営されている。

3　リツイート（ReTweet）のこと。あるユーザーがTwitter上に投稿した発言を、他のユーザーが再投稿することができるしくみ。

コラム4
インターネットと倫理

　今日、インターネットを利用した口コミサイト、動画サービス、ブログやSNSなどのソーシャルメディアの普及は、個人が大量の情報を作りだしていく新たなメディア（CGM：Consumer Generated Media）を生みだしています。こうした新しいメディアの創出は、私たちの生活をますます便利で豊かにする反面、これまで私たちが経験しなかったような問題を引き起こしています。
　みなさんは、20歳未満の少年が犯罪を犯した場合、新聞や雑誌、テレビなどの報道機関は、少年の名前や写真など、犯罪を起こした少年が誰かわかるようなかたちで報道をしてはならないことを知っていますね。これは少年法61条に「推知報道の禁止」として規定されています。この規定には、罰則がなく、違反したからといって直ちに処罰されることはありません。それはなぜでしょうか。ここでは、この規定に違反した報道機関を法の力をもって処罰するのではなく、そのような少年犯罪をどのように報道するかは、基本的に、その自主性、倫理に任せられている、ということだけを言っておきましょう。
　ところが近年、その少年犯罪を、その捜査の段階からこまかく追い、ネット上に掲載するということが頻繁に行われるようになってきました。一部のネットユーザーによって、事件発生の直後からネット上で「犯人探し」がはじまり、容疑者と見られる少年の写真や名前、さらには関係のない人の情報までが投稿され、またたく間にネット上に広がるのです。そこでは、リツイートや転載も多く行われ、事件と関わりのない少年の顔写真までもが掲載されたりしています。これらは、容疑者の少年や無関係と見られる人の名誉を傷つける行為であり、また、家族や知人のプライバシーまでも人々の目にさらすことになります。
　どうしてこのようなことが起こるのでしょうか。悪事をはたらいた人、疑わ

れるようなことをした人、その友だち、家族は、ネットで取り上げられてもかまわないのでしょうか。この点については、「ひとは自分の身の回りのリスクを知りたがる」「興味本位もあるだろうが、事件に恐れや脅威を感じ、他の人も知る価値があると考え拡散する人もいる」とする専門家の意見があります。これまで、社会の出来事で重要なものは、私たちみんなの関心事として「公共性・公益性」があると見なされ、それらを伝える役目はもっぱら新聞、雑誌、テレビなどのマス・メディアにあるとされてきました。そしてそこでは、報道機関としての倫理が要請され、報道のしかたによっては社会の厳しい批判を受けてきました。しかし、インターネットの登場によって、そうした倫理が私たちにも求められるようになっているのではないでしょうか。

　ネットユーザーが少年事件やその他のさまざまな社会のできごとを、新聞や雑誌、テレビの情報を手がかりに、あるいはネット上の知識・情報を通じて分析し、自らの意見を発信することは、まさにインターネットの自由といえます。しかし、自分が知りえた情報に社会的な価値があり、「他の人も知る価値がある」と考える場合も、その発信には、守るべきルール（倫理）があるということを、私たちは学ぶ必要があります。

［松井修視］

6 ネット社会を考える
アーキテクチャとネット上の会話

🔊 解説

1. どうやって情報を取捨選択するか

　インターネットをはじめとする情報通信技術の発展によって、社会の情報は爆発的に増加しています。調査会社IDCによれば、2005年に世界で生みだされた情報量は132エクサバイト（1,320億ギガバイト）でしたが、2013年にはそれが4.4ゼタバイト（4.4兆ギガバイト）へと33倍に増加しました。情報量はさらに2年ごとに倍増し、2020年には44ゼタバイトになると予測されています。なんと2005年の333倍です[1]。

　その一方で人間が情報を処理できる能力には限界があります。情報量が333倍に増えたからといって、人間の頭脳の能力が333倍に高まることはありません。したがって、社会の膨大な情報のなかで何を見たり読んだりするべきか、情報を取捨選択する必要性がますます高まっています。

　情報を取捨選択する方法にはさまざまなものがあります。Yahoo!、Googleなどの検索エンジンをつかって必要なウェブサイトを探すことや、友だちの投稿やおすすめを参考にして読む記事を選ぶこともその一種です。テレビ・新聞のニュースを見ることも、自分が社会についてどの情報を知るべきかを、自分で判断する代わりにマスメディアをつかって選択していると考えることができます。取捨選択方法を利用するにあたって何に注意するべきかが、本章のテーマになります。

　具体的なネットの利用例をもとに考えてみましょう。つぎのようなことがあったと想像してみてください。ある日ネットで友だちの投稿を見ると、海外のプロサッカーチームで活躍する日本人選手の記事がありました。あなたはそのチームに興味をもち、もっと詳しく調べることにしました。検索ウィンドウにチーム名を入力し、検索結果にずらっとならんだウェブサイトのなかから詳し

そうなサイトを選んで読みはじめます。そこで面白い情報を発見し、友だちにも知らせようとネットに投稿したところ、友だちから「面白い！」「いいね！」という反応がたくさん寄せられ、うれしくなりました。

ネットではよくあるこの例を考えていくと、インターネット社会を読み解く重要なポイントが浮かびあがってきます。

2. しくみの知られざる影響力

ネットでサッカーチームの情報を検索したり、面白い情報を投稿したりといった行動は、誰かに言われてしたわけではなく、自分で考えて自発的におこなったものです。しかしみなさんの考えや行動は、想像する以上に他者の影響、とくにインターネット上のさまざまなしくみの影響を強く受けている可能性があります。

たとえば、あなたがサッカーチームの情報を検索した場面で、そのウェブサイトを選んだのはなぜでしょうか。有名なサッカーチームなら検索結果には何万件ものウェブサイトがあるはずです。しかし、検索結果から選んだサイトは、おそらく検索結果の1ページ目、それも上のほうに表示されているサイトの可能性が高いでしょう。

装置をつかってGoogleの検索結果を見ている人びとの目の動きを追いかけた調査結果によれば、検索結果の順位が下がるにつれてウェブサイトが人に見られる率は急激に低下していきます。1位から3位までの検索結果は100％の人びとに見られますが、5位では60％、10位になると20％、5人のうち1人にしか見られていません[2]。

ひょっとすると、あなたが選んだサイトよりもっと詳しく面白い情報が掲載されているサイトが、検索結果の10ページ目に表示されていたかもしれません。しかし、検索結果の10ページ目のサイトまでチェックすることは、面倒くさいのでほとんどやらないでしょう。

いいかえると、あなたがネットでどのウェブサイトを見るかは、検索サービスを提供する企業（Yahoo!、Googleなど）がつくった、検索結果の表示順位を決めるしくみの影響を受けていることになります。

つぎに、あなたの投稿に友だちから反応が寄せられた場面を考えましょう。

友だちからの反応には、「面白い！　もっと教えて」などと書かれたコメントが投稿されるものや、「いいね！」というボタンが押されるものがあるでしょう。どちらの方法でも友だちがあなたの投稿に反応できるとすれば、言葉づかいを考えるのが面倒なコメント投稿よりも、「いいね！」ボタンを押すだけのほうが、友だちからの反応がたくさん集まるでしょう。

　この場合、利用しているソーシャルメディア（Facebook、Twitter、LINEなど人びとのつながりをつうじて情報が流通するメディア）の企業がつくった、コメントや「いいね！」ボタンのしくみによって友だちの反応の方法が影響を受け、その結果としてあなたの投稿に集まった反応の量があなたの感情に影響を与えていることになります。

　これまでに説明したしくみ、別の言い方をすると「物理的な負担を課すことで人の行動を制約するもの」をローレンス・レッシグは「アーキテクチャ」とよんでいます（Lessig 2006=2007）。人は誰でも面倒なことはやりたがらず、簡単なことは気軽におこなうものです。ある行動を面倒にしたり別の行動を簡単にしたりするアーキテクチャがあると、人びとは面倒な行動を避けて簡単な行動をとるようになります。もっとも、私たちはふだんアーキテクチャの存在に気づくことはありません。アーキテクチャが私たちに何かをしろと具体的に命令しているなら気づくのでしょうが、アーキテクチャは何も命令せず、ただそこにあるだけです。私たちは自分の判断にもとづいて自発的に、アーキテクチャがうながしている行動をとっているのです。

　ここで注意するべきなのは、アーキテクチャは誰がつくったもので、私たちにどのような行動をとらせようとしており、その目的は何かということです。アーキテクチャには良い目的でつくられた、社会的に望ましい行動をうながすものもあるでしょうが、あまり望ましくないアーキテクチャもあるかもしれません。

3．ネット上の会話と社会への関心

　第1節の例について別の角度から考えてみましょう。あなたが海外のプロサッカーチームに興味をもったきっかけは友だちの投稿でした。しかし友だちがサッカーにまったく関心がなく野球への関心が高かったとすれば、あなたはメ

ジャーリーグには詳しくなっても、海外のサッカーチームについては存在すら知らないままかもしれません。

　また、サッカー情報の投稿に友だちから反応がたくさん集まれば、あなたはサッカーにいっそう興味をもつことでしょう。逆にサッカー情報を投稿しても友だちからの反応がなければ、次回は友だちの反応がもっと期待できる、野球の情報を調べて投稿しようとするかもしれません。つまり友だちとの会話は、あなたの興味関心のきっかけになったり、興味関心を強化・維持したりする役割を果たしています。

　「サッカー」「野球」の部分を、政治、格差、環境、テロや国際紛争などの社会問題に置き換えてみるとどうでしょうか。あなたはある社会問題について、その問題が存在していることすら知らなかったり、問題を知っていても周囲で話題になっている他の問題に気をとられて無関心なままでいたり、ということはないでしょうか。そうだとすれば、あなたがどのような社会問題に関心をもつかは、どのような友だちと会話をするかによって影響を受けていることになります。

　社会問題はテレビや新聞、ネットのニュースでチェックしているから大丈夫、と考える人もいるかもしれません。しかし私たちとニュースメディアとの関わりはどんどん変化しています。とくに若い世代で、新聞を読む人の比率が低下している一方で、友だちの投稿をきっかけにネット上の記事を読む人の比率が高まっています。テレビ局や新聞社が押しつけるニュースよりも友だちが紹介するニュースを読むほうがましだと考える人や、ニュースが多すぎると感じて友だちの紹介をニュースの取捨選択につかっている人もいます。

　友だちとの会話は現実の場面でもネットでもおこなわれますが、現在では私たちのコミュニケーションのかなりの部分がソーシャルメディア上でおこなわれています。ソーシャルメディアは友だちとのつながりの数を増やすとともに、あなたと友だちがいつどこにいても会話をすることを可能にし、会話の頻度を高めてつながりを強めています。

　ネット上の会話で友だちとのつながりが増えたり強まったりすることには、良い面もあれば悪い面もあるでしょう。良い面では、ネット上の友だちは同じ大学の学生に限らず「○○好き」という共通点でつながった、さまざまな年齢・

地域・職業の人たちとのつながりになる可能性があります。そうしたつながりから得られる知識や考え方は、ネット以前の対面のつながり中心の友人関係から得られるものよりも多様性に富み、社会に対する関心の幅を広げてくれるでしょう。一方で悪い面に目を向けると、「○○好き」友だちや同じ大学・サークルの友だちとのネット上の会話が多くなりすぎると他の事柄への関心がおろそかになり、みなさんが社会についてもっている知識や関心の範囲が、友だちグループの関心に引きずられて偏ってしまう可能性もあります。

学びのポイント

　この章ではアーキテクチャとネット上の会話に焦点をあてて、ネット社会の影響について考えてみました。アーキテクチャの働きにせよネット上の友だちとの会話にせよ、良い面もあれば悪い面もあります。もちろんそれはネットに限らず、テレビや新聞などの伝統的マスメディアについても同じことがいえます。あるメディアについて、たんに良い・悪い（あるいは信頼できる・偏っている）と決めつけるのではなく、ネットやマスメディアや友だちとの会話を含めて、みなさんがどのような影響を受けたり与えたりしているかを考えましょう。

［小笠原盛浩］

1　The Digital Universe of Opportunities: Rich Data and the Increasing Value of the Internet of Things, http://www.emc.com/leadership/digital-universe/2014view/executive-summary.htm（2015年6月16日閲覧）
2　Did-it, Enquiro, and Eyetools Uncover Google's Golden Triangle, http://www.prweb.com/releases/2005/03/prweb213516.htm（2015年6月16日閲覧）

コラム5
初音ミクとN次創作

　2000年代以降、デジタル技術が普及したことで、マスメディア業界にいるプロの人ではなくても、不特定多数の受け手に向けた表現を簡単におこなうことができるようになりました。

　音楽の分野でそれが最も顕著に現れている場のひとつに、動画共有サイト・ニコニコ動画があります。ここには、2007年に発売された音声合成ソフト・初音ミクを使って制作された、アマチュアユーザーによる無数の音楽作品が公開されています。誰もが音楽をつくって発表することができ、誰もが無料でその音楽を楽しむことのできるのが、ニコニコ動画という場です。

　また、たんに初音ミクをつかってつくられた歌を楽しむだけではなく、自分自身でそれを「歌ってみた」り「踊ってみた」りした動画を公開して、楽しみの輪をさらに広げることもできます。なかには「歌ってみた」動画を公開しているうちにいつのまにか人気歌手となり、CDデビューした人までいます。

　これまでにも、たとえば同人誌の世界では、プロが描いたマンガや小説の世界観・キャラクター設定などを元に、ファンが自由に物語を妄想し、創作・共有するという営みがおこなわれてきました。このような営みのことを二次創作といいます。一方、ニコニコ動画という場において特徴的なのは、ある人が初音ミクをつかって制作した歌を、別の人が「歌ってみた」りするだけではなく、その「歌ってみた」動画を観た人が、さらにその歌に合わせて「踊ってみた」り、楽器を「演奏してみた」り、映像を加えたりなど、二次創作の先にも三次、四次……と創作の輪が広がっている点です。情報環境研究者の濱野智史は、これを「N次創作」とよびました（濱野 2008）。

　もうひとつ、初音ミクのまわりで生みだされているN次創作に特徴的なのは、

どこまで遡っても「誰の歌」なのかがはっきりしない点です。音楽業界では、Aという歌手が最初に発表した歌を、別の歌手Bが忠実にカバーしたとしても、楽曲自体はあくまで「Aの歌」とよばれ、それが「Bの歌」とよばれることはふつうはありません。基本的にレコード会社は、Aという人物が最初に歌い発表した歌を「Aの歌」とみなすという共通認識の下で、音楽をつくり、流通させ、その利益を配分してきたからです。しかし初音ミクの場合、確かに歌自体を聴くことはできますし、音声を録音した声優や歌のプログラムをつくったユーザーも存在してはいるのですが、肝心の歌を歌った人物はどこにも存在していません。実際に歌った人物が存在していない歌を「初音ミクの歌」とよぶことは、果たして妥当なのでしょうか？　つまり、もともとの歌が「誰の歌」なのかが曖昧なまま、N次創作が無限に生みだされ、広がっているのが、現在の初音ミクをめぐる状況なのです。

　初音ミクは、これまでの音楽業界の構造には収まりきれない新しい音楽制作・流通の形を示しているだけではなく、「あなたがいま聴いている歌は『誰の歌』といえるのか？」という難しい問いを、私たちに投げかけているといえます。

［溝尻真也］

7 雑誌を考える
紙のメディアの可能性

◀)) 解説

1. 雑誌は「終わっている」メディアなのか

　書店やコンビニエンスストアには雑誌のコーナーがあり、色とりどりの雑誌がならべられています。ファッション雑誌、マンガ雑誌、テレビ情報誌、タウン情報誌など、内容は多岐にわたり、時間つぶしに立ち読みをしている人もいます。しかし最近では新しい情報はインターネットで仕入れることができるので、紙の雑誌を買うことは滅多にないという人も少なくないかもしれません。

　出版不況といわれるようになって久しい現在、紙の雑誌の発行部数は確実に減少してきています。統計を見ると、雑誌の総発行部数は、1997年の約52億部をピークとして、その後は年々減りつづけてきました[1]。この状況は、インターネットをつうじてお金をかけずに情報を入手できるようになったことと入れ違いに、紙の雑誌の発行部数が減っていると考えることもできます。では、雑誌はもうすでに「終わっている」メディアになってしまったのでしょうか。

　ひと言で「雑誌」といっても、さまざまな種類があります。一般誌とよばれるような政治・経済や芸能・スポーツ、ファッション、ライフスタイルなどを紹介するものもあれば、専門誌や業界誌とよばれるような特定の専門分野についての記事や論文を掲載したものもあります。専門誌や業界誌は、一般の書店で見る機会は多くありませんが、書店をとおさずにその業界に関わるオフィスや個人に直接的に定期購読などの形で頒布されていたり、学会誌などのように学会をとおして会員に向けて郵送されていたりする場合があります。限られた読者や地域を対象として自主的に発行される、ミニコミ誌とよばれるような雑誌の存在も無視することはできません。特定の地域の生活情報や求人情報、住宅情報、広告やクーポンなどを中心に掲載して無料で配布されるフリーペーパーとよばれるたぐいのミニコミ誌は、1980年代ごろからしだいに種類や発行

部数が伸びてきました。また、コミケなどでやりとりされるマンガやアニメの二次創作作品などを掲載した同人誌も雑誌の一部と考えることができます。さらに、1960-1970年代のカウンターカルチャやパンクムーブメントのなかから独自の表現手段として生まれたzine（ジン）とよばれるような簡易な冊子も[2]、手づくりの魅力が見直されて流行してきています。雑誌の発行部数は減少していますが、書店での販売を前提としたもの以外にも多様な形式と内容の雑誌があることを考えると、雑誌というメディアは、一概に「終わっている」メディアとはいえないのかもしれません。

2.「読者」というコミュニティ

　マスメディアとしての日本の雑誌は、20世紀前半に雑誌が大衆化してきたなかで始まり、成熟を迎えていきました。暮らしに役立つ情報やファッションの紹介、ゴシップ記事や小説・漫画の連載に加えて、広告の掲載もしだいに増え、多くの読者が興味をもつようなライフスタイルを提示することが雑誌に期待されるようになっていきました。とくに1970年代に入ると『an・an』『non-no』のようなおしゃれな女性誌が「アンノン族」とよばれる社会現象を起こすほどに流行し[3]、雑誌はその時代の特徴あるファッションやライフスタイルの流行を生みだすという性格を強めます。しかしそれ以降、よりターゲットを明確にし、読者を年齢・性別や好みによって細かく区切って情報を提供するセグメント化の手法がよりさかんになったことで、一様に同じ流行に憧れる傾向はしだいに薄れていくという経緯をたどりました。

　一方で、雑誌には、西洋における出版やジャーナリズムの隆盛にならって、政治や経済の状況や最新の言論、学術的な情報を特定の読者に伝えてきたという経緯があります。雑誌はたんに多くの人が同じような行動をするような流行をつくりだすというよりも、興味を同じくする人びとを言論や思想によって結びつけ、一種のコミュニティを形成するための実態をもったメディアとしての意義があると考えるべきかもしれません。マスコミュニケーションに対するミニコミュニケーションという意味で「ミニコミ誌」とよばれる雑誌が多種刊行されるようになり、ごく狭い特定の地域やニッチな趣味を共有する人びとのためのメディアとして受け入れられている状況は、雑誌の役割を考えるうえでは

興味深いことです。実際、2000年代に入ってから発刊された無料のクーポンマガジン『Hot Pepper』や、若い世代向けの総合情報誌『R25』など、地域や読者を限定した内容で、おもに広告収入のみで成り立っている雑誌が商業的に成功を収めたことは、出版不況といわれる時代に画期的なことでした。

　さらに現在のzineブームのように、部数は少なくても多様な趣味のミニコミ誌が発行されていることは、オンデマンド出版などのようなコンピューターをつかった印刷の技術が発展したこととも関わりがあります。今日では、もし自分でも雑誌を発行してみたいと思えば、パソコンとプリンターをつかって簡単な冊子を制作することが誰にでも可能です。大量の広告を掲載して出版社と流通のシステムによって大部数を発行しなくても、ごく限られた地域の人びとが必要とする情報や、個人的な趣味として表現したものを冊子にまとめ、手渡したりお店に置いたりして配布できる範囲の少数の人びとで共有して楽しむことが可能になったわけです。画一的かつ記号的な受け手が情報を消費することではなく、顔が見える範囲の人びとによるコミュニティを形成することに、これからの雑誌は比重を移していくのかもしれません。

3. 編集すること、手渡すことの魅力

　今日では、ブログなどで誰でも情報を発信できる時代になったといわれています。このような時代に、あえて紙でつくられたzineのような小さな冊子の存在が評価されるのはなぜなのでしょう。プロの編集者やデザイナーではない人びとが紙の冊子をつくることの魅力は、ひとつには、みずから編集することの醍醐味を味わえること、もうひとつは、手で触ることができるものをつくるプロセスを経験することと、できあがったものを手渡すことにあるように思われます。

　編集とは、文字どおりの意味に捉えれば「集めて編む」ことです。雑誌を編集するということは、自分なりのものの見方や考え方を表現するために、いろいろな情報を組み合わせ、綴じてひとつの形にまとめあげることだといえます。そうすることで、自分の考えを、他者にも共有できる形にして手渡すことができるようになるわけです。絵画を描いたり詩を書いたりすることも表現ですが、編集することも自分を表現することができるひとつの手段です。なぜなら、綴

じられた冊子には、それを編集した人の視点が表れているためです。

　実際に販売されているような雑誌の誌面を見てみましょう。そこでは、読者に情報を伝えるための形式上の工夫がなされています。たとえば、雑誌の誌面には、「見出し」や「リード」、「本文（ほんもん）」とよばれる独特な体裁のよび方があります。また、写真やイラストレーションとそのキャプション、柱、ノンブル（ページ番号）などが各ページに決まったルールで配置されています。雑誌がもつこうした独特の形式のなかに、編集した人が伝えたいことを読みとることができるようになっているのです。

①タイトル（大見出し）
②リード
③写真とキャプション
④見出し
⑤本文（ほんもん）
⑥ノンブル
⑦柱

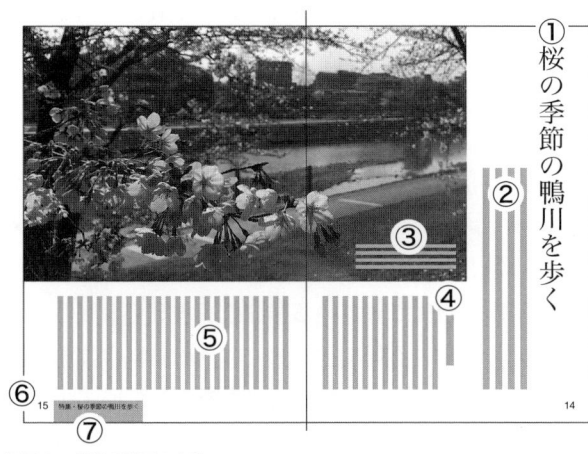

図7.1.　雑誌の誌面の名称。

　もし編集する醍醐味を味わうだけなら、ウェブサイトの制作をするのでもよいでしょう。ですが、紙の雑誌の魅力にはもうひとつ、「手で触ることができる」という物質性と、「手渡す」という身体の動きがともなうことがあげられます。商業的に流通する雑誌には、印刷・製本や物流の都合のために効率のよい判型（本の大きさ）というものがありますが、自分で少部数の冊子を手づくりする場合には、自分が伝えたいことを伝えたい形にして表現することが可能です。もし製本技術に自信がなければ、ただホチキスでとめるだけで冊子にすることもできます。自分にとって興味があることを、自分の手で形にして、他者に手渡し共有する、というDIY精神と物質性に対する親しみが、今日のzineブームの根底にはあるのでしょう[4]。インターネットの普及によって、私たちは「情

報は無料で手に入れることができるもの」という意識を少なからずもつようになりましたが、だからこそ物質性と身体性に対して感じる魅力が相対的に増しているとも考えられます。

　雑誌自体は「終わっている」メディアではないかもしれないということは、先に述べたとおりです。ただし、個人の好みや趣味が多様化し、インターネットをつうじてさまざまな情報を手に入れることができる現在、マスメディアとしての雑誌がこのまま規模を縮小していく可能性は否定できません。しかし継続的に発行し、手渡すことをとおしてコミュニティを形成していくことができる雑誌には、今後どのような新しい形の可能性があるのか、それを考えることに現在の雑誌というメディアの面白さがあるといえます。

▶ 学びのポイント

　大部数を発行する一般誌は、性別（男性／女性）・年齢（ティーン／ヤング／ヤングアダルト／ミドルエイジ／シニア）などの属性によって細かくセグメント化されています。それらの読者をターゲットとした広告の違いや、編集やデザイン上の工夫に着目し、実際に販売されている雑誌を読み解くことも、メディアリテラシーを考えるうえで非常に有用です。とくに一般誌に含まれる広告ページの多さは、おもに広告収入で成り立っていることを示しています。さらに、雑誌という紙メディアがもっている魅力（本章でいえば、編集することと手渡すこと）についても考えてみるとよいでしょう。

［宮田雅子］

1　総務省統計局『日本の長期統計系列』「第26章　文化・レジャー」を参照。http://www.stat.go.jp/data/chouki/26.htm（2015年6月18日閲覧）
2　zineにはっきりとした定義はないが、おもには利益をあげることを第一の目的とはせず、自主的に制作し配布、または販売されている小型の冊子のこと。内容や形式はさまざまで、ごく趣味的な簡素なものもあれば、アート作品に近い凝ったものもある。
3　1970年代半ば、『an・an』や『non-no』を参考にして、若い女性が清里や鎌倉などの話題の場所を訪れることが社会現象として語られるほどのブームとなった。当時、女性が個人で気軽に観光旅行をすることは現在ほどには一般的ではなかったが、雑誌をとおして伝えられるおしゃれなライフスタイルのイメージが、若い女性に大きな影響を与えた。
4　DIYとは、専門家ではない人が自分で何かをつくったり修繕したりすること。英語の"Do It Yourself"の略。

8 ラジオを考える
日常的な音との関わりから

🔊 **解説**

1. ラジオをめぐるコミュニケーション

　本章では、まず筆者の具体的な経験からお話ししましょう。

　筆者はかつて、「テレビ局」でアナウンサーや記者の仕事をしていました。20年近くもたったとき、初めてラジオ番組のパーソナリティをつとめることになったのです。同じ放送の仕事じゃないか、と思うかもしれません。しかし、それぞれの文化は異なっているところもあるのです。

　たとえば、ある日のラジオ番組のこと。リスナーへのメッセージ募集で、私は何気なく、「みなさんからの情報をお待ちしています」とよびかけました。それに対して、あるディレクターがこんなアドバイスをくれたのです。日々の何気ない出来事や感じたことを書いて送ろうとしている人たちにとって、「情報」というとハードルが高く感じられるのではないだろうか。「これは「情報」ではないかもしれない」と遠慮してしまう可能性がある。ラジオはもっと身近なやりとりなのではないか、と。正直なところ、筆者がテレビに従事していたさいには多用していた言葉であり、送り手とオーディエンス（視聴者や聴取者）の心的な距離感を規定しているなど、意識をしたことがありませんでした。テレビでは何気なくつかっている言葉ややりとりが、ラジオにおけるコミュニケーションにはどこか居心地悪く感じられることがあるのだと、身をもって実感した瞬間でした。

　これは筆者の未熟さも含めたごく個人的な経験ではありますが、ラジオが親密なコミュニケーション・メディアであることはこれまでも多く指摘されてきました。たとえば、マーシャル・マクルーハンは、1964年に上梓した『メディア論』のなかで、ラジオを「部族の太鼓」に喩え、「深層において人々を関与させる力をもっている」とし、「大多数の人びとに親密な一対一の関係をも

たらし、著者＝話し手と聞き手の間に暗黙の意思疎通の世界をつくり出す」と論じています（マクルーン 1964=1987：309, 311）。もちろん、マクルーハンの時代と現在では状況が違うところもあるでしょう。

　個人的で親密なメディアとしての日本のラジオを特徴づける例として、しばしば引きあいに出されるのが「深夜放送」でしょう。1967年に放送を開始したニッポン放送の『オールナイトニッポン』をはじめ、1969年スタートの文化放送『セイ！ヤング』など「深夜放送」は、聴取者からの投書（当時はハガキが中心）とパーソナリティのトークを軸に構成されていく番組で、送り手と受け手の距離の近さなどから1980年代にかけて多くの若者を惹きつけました。社会に対する不満や人生問題、人に話せない悩みなどがつづられた投書は多い局では1日数千通を数え、若者にとっては同じ世代の投書を聴くことで連帯感も生まれたといいます[1]。

　しかしながら今や、若者のラジオ離れが叫ばれる時代です。NHK「国民生活時間調査」によると、「若年層の代表として16～19歳の行為者率の変化を長期的にみると、深夜放送ブームの真っ只中にあった1975～80年をピークに大幅に減少しており、この30年間でラジオを聴く習慣が失われているといえる」とされています[2]（図8.1.）。

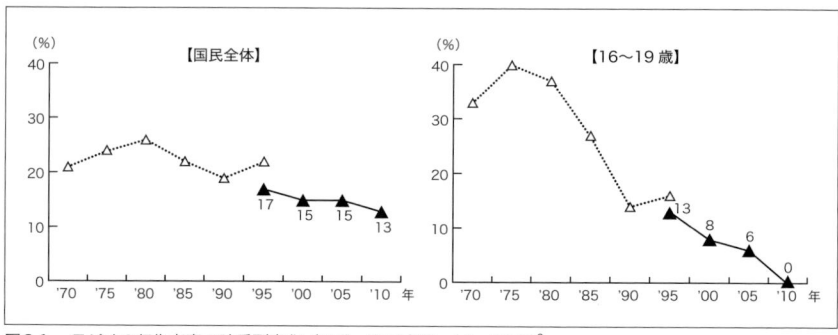

図8.1. ラジオの行為者率の時系列変化（平日・国民全体・16～19歳）[3]。

　今、この本を手にしているみなさんはいかがでしょうか。家にラジオはありますか。みなさんがラジオを聴くのはどんなときでしょうか。もしゆっくりラジオを聴いたことがない人は、ぜひ聴いてみましょう。そして、気づいたこと

をありのままに書き留めて、ラジオが紡ぐコミュニケーションとはどのようなものかを感じてみましょう。ラジオを考えるためには、まずそこからスタートしてみるとよいでしょう。

2. ラジオを構成する要素に注目する

　ここからは、具体的にラジオの中身を見ていきましょう。ラジオは、いうまでもなく「音」や「声」で表現する音声メディアであることが大きな特徴です。放送現場でも用いられている解説書『放送ハンドブック』を見てみると、つぎのように記されています[4]。

　「ラジオ番組にはいろいろな構成要素があるが、①パーソナリティー、②情報、③音楽の三つは、欠くことのできない最重要なものである。この三つをいかに組み立てていくかが番組制作のポイントとなる」

　ここでは②「情報」と③「音楽」（あるいは、音）に注目していきましょう。とくにそれらが組み立てられていることについて考えていきます。

　ラジオを注意深く聴いてみると、じつにさまざまな音の要素が組み込まれていることがわかります。人の声、生の物音、録音、再現した音などです。出演者は、あえて手元にある紙の音を聴かせて臨場感を出したり、手を叩いてみたり、マイクから離れてしゃべって遠近感を出すなどして、表現を積み重ねています。そうしたあらゆる音の要素をたくみに組み合わせて番組は構成されているのです。またそれらは、たんに私たちに情報を伝えるだけでなく、番組のリズム感を描きだすような役割も果たします。そのなかでもとくに欠かせない役割を果たしているのが「ジングル（jingle）」です。

　"jingle"とは、一般的な英和辞典で調べてみると、「チリンチリンと鳴る音」などと説明されています。ラジオでは、番組の始まりや終わり、曲のあいだ、コマーシャルとの切り替わりなどによく流れる、短い音の節のことをさします。ふだん何気なく聴き流しているかもしれませんが、よくよく聴いてみるとじつにさまざまなタイプのものがあります。小気味よい音楽にのせて「元気いっぱい○○○ラジオ！」といった具合に放送ステーション（局）名やキャッチフレーズを紹介するもの。「△△は□□がお送りしています」というようなパーソナリティの名前を伝えるもの。短いものはほんの2、3秒しかないようなものも

あれば、数十秒あるもの、音楽だけのもの、声だけのもの、いろいろあります。局によっては「アタック」とよんだりもしますが、ここではこうしたラジオ番組のなかでくりかえし使用される、構成された短い音の節の総称として「ジングル」とよぶことにしましょう。

では、さっそく、みなさんで手分けをして、さまざまなラジオ番組の「ジングル」を聴いてみてください。それぞれにどんな特徴や役割があるでしょうか。たとえば、上述のように番組名やステーション名、周波数、パーソナリティ名などを告知する役割のほかに、コーナーやコマーシャルの区切り、切り替え、場面転換として用いられることがあります。さらに、ときには、時間稼ぎというと語弊があるかもしれませんが、パーソナリティがつぎの準備をする余裕の時間をつくるために流す場合など、機能的な役割もあります。制作者とリスナーの双方の立場に立って考えてみるとよいでしょう。

そのなかでも、「ジングル」が果たす役割として見逃せないのが、番組や局のブランディング、イメージの形成です。考えてみてください。みなさんが聴いた番組、局のジングルは、どんなイメージを賦与していますか。さわやかさでしょうか、いたずらっぽさでしょうか。早朝番組、深夜番組といった時間帯や、ニュース、ドラマなど番組のジャンルやターゲット別で比較して聴いてみるのもよいでしょう。こうした音の節は、たんに情報としての音（あるいはそれにのせた言葉）を伝えるだけでなく、番組や局のイメージを形成し、聴く人との関係性を紡ぐ役割も果たしているのです。

3．ラジオと日常生活

ではそうした音のメディアであるラジオの存在を、私たちの日常生活との関わりのなかで考えてみましょう。私たちの生活には、さまざまな音があふれています。駅の雑踏、車のクラクション、雨音、自動ドアが開く音など、電子的な音から自然の調べまで、あらためて耳を澄ませてみるといろいろな音の存在に気づくでしょう。そうしたさまざまな音が私たちを取り囲み、ひとりひとりが関係を取り結んでいる状況を、レイモンド・マリー・シェーファーは「サウンドスケープ」という概念で表しています。サウンドスケープとはもともとはsound（音）とscape（景色）をあわせた言葉ですが、ここでは、「個人、ある

いは特定の社会がどのように知覚し、理解しているかに強調点の置かれた音の環境」のことで[5]、そのまま「音の風景」とも訳されます。みなさんは「音の環境」とどのような関係を取り結んでいるでしょうか。

　ラジオも私たちの日常生活における音の環境と深く関わっています。そもそも、ラジオはあらゆる音の要素をつかっていますし、街角で喫茶店から、車の中から流れてくるラジオの音声は、日常のサウンドスケープを形成しているとも考えられるでしょう。ここで忘れてならないのが、先に触れたように、ラジオから流れてくる音は、生の声や音もあれば、象徴的な役割を果たしているものも数多くあることです。そして、それらを私たちがいかに解釈し受け止めているかは、日々の音の経験や、知らず知らずのうちに共有されている社会文化的な音のコードとも関係しているということです。たとえば、「コン・コン」という音が2回すればノックかなと思うでしょう。私たちはとくに教えられたわけではないけれど、音が示す象徴的な意味を共有し、理解しています。そうした音をめぐるコミュニケーションはじつは私たちの身近にあふれています。それらをていねいに意識してみると、音が私たちの日常空間を編成していることに気づいてくるでしょう。ラジオの世界を理解するということは、そうした日常的な音の経験に気づき、私たち自身がどのような関係性を結んでいるのかを理解していくことと不可分なのです。

　もうひとつ、ラジオと私たちの日常との関わりを考えるうえで特筆しておきたいのは、多元的で多様なコミュニケーション回路としてのラジオ存在です。ラジオとひと口にいっても、一般的な"AM""FM"だけでなく、より地域に密着したコミュニティ放送やミニFMなどさまざまなものがあります。そのなかには、マスメディアとは異なる社会的なコミュニケーションの役割を担っているラジオ局が少なくありません。たとえば、近年、東日本大震災をとおしてあらためてラジオの役割が注目されています。被災地では、「声」のぬくもりとともに、その地域の住む人たちにより寄り添った細かな防災情報を届けつづけたコミュニティFMがありました。阪神淡路大震災のときには、神戸市を拠点とする「FMわぃわぃ」が、外国人被災者のために多言語放送を続けたことはよく知られています。また、日常的にも、商店街のなかで、病院のなかで、学校のなかで、ユニークな放送を続けているラジオ局が少なくなりません。そ

れらの活動も含めて、ラジオが紡ぐコミュニケーションとはどのようなものなのか、そして私たちにとってラジオとは何なのか、課題とこれからの可能性を議論してほしいと思います。

学びのポイント

私たちの日常には、さまざまな音があふれています。授業時間外にも、そうした身近な音の存在を意識しながら過ごしたり、気になった音をスマートフォンなどで収集したりしてみるとよいでしょう。

一方、ラジオは、何で聴くか、どこでどのように聴くかでその経験が大きく変わってきます。

それらを楽しみながら、たがいの感じたこと、経験を交換し、ラジオのこれからのコミュニケーションをぜひ想像してみてください。

[林田真心子]

1 日本放送協会編『20世紀放送史 上』NHK出版。2001年、p.616。
2 諸藤絵美・渡辺洋子「生活時間調査からみたメディア利用の現状と変化――2010年国民生活時間調査より」、NHK放送文化研究所『放送研究と調査』2011年6月号、NHK出版、p.52。「行為者率」とは、「1日の中で、15分以上利用した人の割合」のこと（p.48）。平日では、「1995年に比べて男女50代以下の各層でラジオの行為者率は減少している」（p.52）。なお、この調査は1995年から調査方法が変更されている。
3 註2で前掲書、p.51。
4 日本民間放送連盟編『放送ハンドブック〔改訂版〕』日経BP社、2007年、p.559。
5 鳥越けい子『サウンドスケープ――その思想と実践』鹿島出版会、1997年、p.60。鳥越は、Truax, Barry (ed.), *A Handbook for Acoustic Ecology*, A.R.C.Publication, 1978, p.126 を引用。

コラム6
異文化を理解する

　異文化をどのように理解し、どのように表象するかは、もともと文化人類学の領域で考察されていました。しかし、情報技術の進歩とグローバル化の進展により、民族、文化、国家といった枠組みを越えたヒト、モノ、情報の流れが加速し、人々は日常生活のレベルで異文化に接することが常態化してきました。そのような背景のもとで、「異文化理解」という言葉もさまざまな場面で使われるようになりました。

　では、「異文化理解」という言葉を聞くと、何を思い浮かべるでしょうか。これまでの多くの調査からわかるように、日本の若者は、「異文化」とは外国人・外国文化を意味する、「異文化理解」とは外国との交流と答える人が多いです。また、学校現場でおこなわれる異文化理解教育も、外国語（特に英語）や外国の伝統文化や関連知識の学習が重視されています。

　しかし、こういった認識は、異文化理解のひとつの側面であり、表面的な理解に過ぎません。異文化理解の目的は、自己と他者の関係性について理解し認識し、自己を相対化する能力と異なる文化を尊重する寛容性を身につけ、多文化共生社会の実現につなげていくことです。

　異文化理解におけるメディアの役割も非常に重要です。社会生活がグローバルに拡張していき、世界各地の相互依存関係が強まる今日、異文化に関する情報がメディアにあふれています。では、このような環境の中で、異文化への理解が自然に深まっていくのでしょうか。実は必ずしもそうではありません。しかも、メディアが伝えるメッセージに影響され、場合によっては異文化への誤解を招くステレオタイプを形成してしまう恐れもあります。

　ある国の人たちが抱いている外国・外国人イメージと、自国のメディアが描

いている外国・外国人像との間には、かなりの相関関係があるという研究結果があります。その研究によりますと、人々はこれまでに接触してきたメディアによって伝えられた、限定的で一般化されたステレオタイプから逃れることは容易ではありません。特に情報が部分的にしか入ってこない異文化の場合、それに基づいて単純化または類型化し、一部を見て全部だと思い込んでしまうことがよくあります。

　しかし考えてみれば、私たち自らが基準としている文化（自文化）の中でも、さまざまな背景や出自をもつ人々がおり、異なる風習が継承され、そもそも一様ではありません。異文化を対象とする場合も同じような想像力をもたなければなりません。たとえば私たちが生活しているアジア地域には多様な文化や習慣が存在しています。なかには完全に異なるものもあれば、似て非なるものや、共通しているものもあります。このような複雑な異文化を理解する際に、固定観念をもたない、自分の基準のみで判断しないことが重要です。また、歴史上の各地域の文化間の相互浸透と連動という「時間軸」、近代以降の国家という概念に区切られる範囲という「空間軸」のもとで、トータル的な視点で異文化と自文化を考えることも欠かせません。そして、異文化に接し、異文化とコミュニケーションすることは、その文化の中身を知るための大きな一歩となるでしょう。

〔劉　雪雁〕

⑨ メディアとジェンダー、エスニシティ
描かれること、描かれないこと

🔊 **解説**

1. リプリゼンテーションと権力の可視化

　資本と権力の問題に思い至ることは、メディアリテラシーのもっとも基本的な能力です。この章では、メディア・テクストを「読む」作業を通じて、そうした資本や権力がどのように可視化されうるのかを考えたいと思います。

　「はじめに」で見たように、「リテラシー」とは文字の読み書き能力のことです。それは現代の人間が社会で生きていくうえで必要不可欠な能力であるとされています。そうであれば、「メディアリテラシー」という言葉には、多様なメディアを（で）読み書きする能力を備えていることが、メディア社会に生きる私たちにとって必要不可欠だという考え方が表れているといえます。

　では、メディアを（で）読み書きができることが、なぜそんなに重要なのでしょうか。その根幹にあるのは、社会には資本の不平等な配分によって権力関係が発生しており、そうした権力を私たちが可視化できることが、平等な社会の形成と豊かな人生の模索につながる、という考え方です。これは、マルクス主義の影響を受けた、フランクフルト学派や[1]、カルチュラルスタディーズといった学問的潮流がメディアリテラシーのルーツにあることと関係しています。本書は、けっしてメディアリテラシーを、権力に対抗するための手段としてのみ位置づけているわけではありません。それでも、社会における資本と権力に敏感であることは、現在のメディア社会を生きるうえで、非常に重要なことです。

　これまでに各章でさまざまなメディアの産業構造について考えてきたみなさんは、メディアの資本が、オーディエンスまたはユーザーである私たちの認識やアイデンティティを形づくる作用も一定程度果たしていることについては、すでに容易に想像することができるでしょう。

一方、権力という言葉は、もっとも説明しにくいもののひとつです。権力は、私たちが日常でつかうような「警察は国家権力だ」「彼は権力的な人だ」といったわかりやすい形で必ずしも表出しません。権力は、権力が作動しているとはわからない形で、きわめて自然化された状態で存在しています。この章では、メディアのなかで権力が発動しているようすが可視化されたものとして、ジェンダーとエスニシティの「リプリゼンテーション」について考えてみましょう。

　第Ⅰ部をとおして考えてきたように、メディアはつねに構成されています。その過程では、なんらかの現象が、誰かの視点から切り取られたり、ならべ替えられたり、描きだされています。そして、そのときにメディアにおいて再構成された表現を、「リプリゼンテーション（representation）」といいます。直訳すると「表象」という日本語になり、構造主義的な言語理論や記号論を踏まえたかなり複雑な概念なのですが（Hall 1997）、ここではもう少し単純化してつかいたいと思います。また、直感的にわかりやすいように、「描かれ方」という言い方に意訳して話を進めたいと思います。

2. ジェンダーの描かれ方

　図9.1.を見てください。何が描かれているでしょうか。

　すぐにわかることは、複数の女性が下着姿で映っていることです。女性たちは全員細くてスタイルがよく、セクシーで、美人で、髪が長く、若い。そして、中央の文字は「完璧なボディ」と書いてあります。

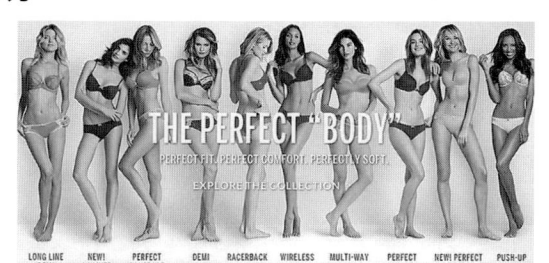

図9.1.　2014年秋のヴィクトリアズ・シークレットのこのキャンペーンは、最終的に文言の修正を迫られた。（写真：Victoria's Secret）[2]

　アメリカの下着メーカーによるこの広告は、出るや否や多くの批判にさらされました。しかし、この広告にはさして目新しさは感じません。どちらかといえば、私たちがファッション誌や電車の中吊り広告で、よく目にするタイプの広告ではないでしょうか。いったい、この広告の何が問題なのでしょうか。

　まず指摘できることは、女性たちが下着姿であるという「問題」です。いや、

それよりも、女性たちが下着姿であることに私たちが驚かないことのほうに、むしろその「問題」は潜んでいます。
　ここには、描かれる性の不均衡という問題があります。長い歴史のなかで、メディアに描かれてきたのは、男性に比べて女性のほうが圧倒的に多いということです。そして、男性は見る側、女性は見られる側という構図——当然見る側のほうに権力があります——は、長らく社会の「常識」でありつづけてきました。下着姿の男性がつい最近までほとんど描かれなかったのとは対照的に、下着姿の女性がつねに描かれてきたのも、そうした理由からです。私たちがこの写真に違和を感じないとすれば、それは、女性が見られる対象であることがあまりに自然化されており、私たちも無意識にそうした価値観を受け入れているからです。
　この写真は、社会があたり前のように求めている女性像をよく描きだしています（ここでの社会とは、男性のみならず女性自身も含みます）。そして、こうしたイメージがあらゆる媒体でくりかえし再生産されることによって、このようなジェンダー・イメージをさらに強化し、固定化していきます。固定化されればされるほど、それは自然化されていきます。これが、メディアに見るジェンダーの権力作用です[3]。
　ちなみに、ここでジェンダーのことを考えるのに、広告というメディア・テクストをつかっているのには、理由があります。広告とは、私たちに商品を売るためのメディアです。したがって、私たちが広告に描かれるものを自分との関わりのなかで心地よく受けとめ、その商品に関心を示さなければ、それは広告として機能しません。ここでもし当時の社会の価値観とはずれた価値観をもとに広告をつくっても、共感を得られず、商品は売れないのです。逆説的に、広告というメディア・テクストには、その時代の価値観や社会のものの考え方が映しだされています。ここでは女性がこのような下着姿で登場することも、「完璧なボディ」を女性に求めることも、社会のなかであたり前になっていることが逆照射されています。もちろん、これはほんの一例にすぎません。メディアとジェンダーを扱った本が大量に出ているので、さらに関心があれば手にとってみましょう。

3. 描かれないものは何か

　ところで、リプリゼンテーションの問題は、上記のように「どのように描かれているか」に集中しがちですが、それと同じくらい重要なのは、「何が描かれていないか」という問いです。上記で描かれていないのは、もちろん下着姿の男性ですが、それだけではありません。

　図9.2.を見てみましょう。先の図と比較すると、どうですか。女性たちが下着姿でカメラに向かってポーズをとる構図は、よく似ています。しかし、体の線はより太く、脂肪も適度についており、また体型も多様で、実際の女性に近いといえます。それでも、私たちはこの写真のほうにむしろ違和を感じはしないでしょうか。先の図9.1.のような女性像は、実在からはほど遠いわけですが（実際ファッション誌や広告におけるモデルの写真は、必ずといっていいほど加工・修正されています）[4]、それでも私たちはその描かれ方にさほど不自然さを感じませんでした。

　この逆転現象ともいうべき事態を私たちがすんなり受け入れているのはなぜなのでしょうか。それは、私たちがメディアのなかに表れているジェンダーの規範（「女性はスリムでスタイルがよくて美しいのが理想である」）を無意識に受け入れているからです。

図9.2. 石鹸会社ダヴによる2004年の「リアルビューティ」キャンペーン。（写真：Unilever）[5]

　じつは図9.1.の広告がいちばん批判にさらされたのは、まさにこの点でした。「完璧なボディ」という文言とともに、抜群のプロポーションをもつ若い女性たちが、科をつくって自信たっぷりにこちらを挑発したり、微笑みかけたりしています。この広告には、理想の女性とは、完璧なボディをもった女性のことである、というメッセージが暗に示されています。

　メディアのなかでスリムな女性を見ることはあたり前のことであり、だからこそ、そうでない女性が下着姿で堂々とポーズをとってこちらに微笑みかけて

いる構図に、逆に違和感を覚えてしまう――彼女たちはふだんは「描かれていない」女性なのです。そして、再生産されつづける先の図9.1.のような女性像に違和を感じない結果として、私たちは、女性とは細ければ細いほど女性としての価値があるという認識を無意識にもったり、それと異なる自分の容姿にコンプレックスをもったりするのです。実際、この広告に向けられた批判とは、完璧なボディを女性に強要する、あるいは自分の完璧でないボディを恥ずかしいと思う風潮を助長するというものでした。一方の図9.2.のダヴの広告には、そうした社会の規範に対して、異議を唱える意図が明確に見てとれます。

　図9.1.が、図9.2.のキャンペーンから10年経てなおも登場したことは、社会の規範がさして変化していないことを表しているともいえます。一方で、これだけ多くの批判にさらされたということは、時代の変化を物語っているかもしれません。2015年春には、ダヴはついに図9.2.の中年男性バージョンを出しました。

　こうして、ふだんは描かれていないものを見せられたとき、私たちがいかに社会のジェンダーの規範にとらわれているか、そしてメディアがその再生産にいかに大きな役割を果たしているかに気づかされます。このように「何が描かれていないか」を考えることからは、じつは「どのように描かれているか」以上に、リプリゼンテーションの権力作用を垣間見ることができます。

4．描かれないエスニシティ

　ところで、この広告でもうひとつ注目すべき点は、黒人の女性が中央にきていることです。これはけっして偶然ではありません。また右から2番目の女性も明らかに白人ではありません。この広告はあえて非白人のモデルを選んで入れています。そしてじつは先の図9.1.でも、人種に対する同様の配慮がなされています。

　アメリカやイギリスでは、メディアに露出するのが白人ばかりであることに対する批判が長年あります。とくにテレビにおけるそのような批判は顕著で、最近では、イギリスの公共放送であるBBCの新しいトップが、2017年までに全番組の15％は非白人を登用することを宣言し、議論が巻き起こりました。最高責任者トニー・ホールが、「BBCの出演者や俳優の7人に1人は、黒人、

アジア人か他のエスニック・マイノリティであること」をめざすと明言した背景には、ひとつの番組がとくに意識されました。ロンドンでもカリブ系やパキスタン系イギリス人などが多く住む南東地域（イーストエンド）を舞台にした人気番組『イーストエンダーズ（EastEnders）』[6]が、その地域を反映しておらずに「白すぎる（too white）」としてやり玉に挙がっていたのです。しかし、このBBCの取り決めに対し、『イーストエンダーズ』のプロデューサーは、そのような明確な数値を示して番組を縛ることに異議を唱え、対立しました[7]。

ここでは、その是非はともかくとして、このような発言がなされる背景に目を向けましょう。BBCの打ち出した方針は、長年にわたる批判や議論を受けてのものなのです。イギリスやアメリカのような多民族国家において、白人という特定の人種だけがテレビ画面に映りつづけることは、白人至上主義で権力的であることが、1960年代以降、徐々に主張されるようになりました。

このように、アメリカやイギリスのメディアでは、エスニシティは身近な問題です。多様な人びとがひしめきあうなかで実際に国や地域が成り立っているからです。エスニシティをどのように訳すかは難しいところですが、一般には言語・生活様式・宗教などを基準とした人口集団（グループ）をさします[8]。人種というくくり方が、皮膚の色や目の色・髪の色など生物学的あるいは肉体的な特性を基準とした人口集団であるのに比して、エスニシティはより社会的・心理的なものであるといわれますが、もちろん、人種による自己認識は大きな割合を占めます。つまり、人種、国籍、宗教などさまざまな要因によって自分がどこのグループに属すると感じるのか、という主観的で選択的な人口集団ということです[9]。

非白人系のエスニック集団に属するテレビ出演者の割合を目標に定めるかどうかは別として、彼らをメディアで登用することはつねに意識されています。自然な状態では白人ばかりになってしまうためです。一方で、このような規定によって、たとえば黒人の登場人物がいたとしても、それが主人公やその恋の相手役であることはめったにありません。多くの場合、主人公の職場の上司や、親友のひとりという役割が与えられていることがわかるでしょう。その意味で黒人の主人公は「描かれない」ことにも、権力作用を見るべきです。

このような人種やエスニシティの問題は、先に見たジェンダーと同じくらい

社会を規定していますが、日本という表向き均質に見える社会では、可視化されにくい状態にあるといえます。それでもこの問題が私たちにとっても重要なのは、このような権力作用が、ジェンダーやエスニシティ以上のものだからです。たとえば子ども、高齢者、障碍者などの「社会的弱者」や、同性愛者などの性的マイノリティ（少数派）をはじめ、マイノリティのアイデンティティをどのように描くかという問題は、日本に住む私たちにとっても重要な問題です。また、「アイデンティティの政治学」ともよばれるこれらの問題は、じつはメディアリテラシーという考え方が誕生するひとつのルーツにもなった、カルチュラルスタディーズの根幹をなすものです。

5．女性差別や人種差別に回収しない

　ところで、こうした問題を考えていくさいに、陥りがちな罠があります。女性や非白人がメディアでいかに差別されているかを告発することで満足したり、差別は許せないという道徳の教科書のような回答を自分のなかに得ることで、そのまま思考停止してしまうことです。

　もちろん、差別に対して憤ることに意味がないといっているのではありません。しかし、メディアリテラシーは差別問題を告発するための道具でもなければ、それを解決するための手段でもありません。また、差別を諭す道徳教育でもありません。この点に関して、メディアリテラシーの専門家であるデビッド・バッキンガムも、メディアリテラシーがこれらの問題を解決しうると考えることは、逆にメディアだけにすべての責任を押しつけ、実際に社会に存在する問題からはかえって目をそらすことになると述べています（バッキンガム2003=2006）。

　むしろ、メディアリテラシーという観点から重要なのは、メディアをとおして可視化される社会の権力を読み解き、その権力作用がいかにして社会のなかで自然化されているかをそのつど考えていける視点を、私たちひとりひとりが獲得することなのです。それができて初めて、メディアリテラシーがこれらの問題に対してなんらかの貢献ができることになるのではないでしょうか。

　ちなみに、このような社会のさまざまな権力がどのように自然な形で作動しているか、そのメカニズムを明らかにしたのは、ミシェル・フーコーという哲

学者です。フーコーは、たとえば私たちがつかう言葉や、私たちの態度やふるまいなどあらゆるものがそこにある不均衡を自然化させること、そしてそのような権力作用は遍在することを明らかにしました。

このように、私たちがメディアリテラシーを獲得する必要があるのは、たんにメディアのしくみを考えるだけではなく、私たちの日常にはさまざまな権力が作動していることにいかに日々気づいていくか、ということにひとつの目標があるといえます。なかでもリプリゼンテーションの問題は、メディアが何かを描きつづける以上、避けて通ることはできません。

▶ 学びのポイント

ジェンダーに関する素材は、私たちの身のまわりにあふれていますから、少し意識して探してみましょう。また、ジェンダーに限らず、障碍者はどう描かれているか（どんな障碍なのかも重要です）、同性愛者はどう描かれているかなど、さまざまな「アイデンティティの政治学」についても同じように考えてみましょう。その存在に気がついたら、つぎはなぜこのような表現がなされるのかまで想像してみることが大切です。

[村田麻里子]

1 1923年にフランクフルト大学社会研究所を設立し、その後1930年代にナチスの迫害を逃れるためにアメリカに渡った一群の思想家たちをさす（その後50年代には帰国）。マルクス主義を背景に、ファシズムやその時代の大衆文化のあり方を批判する一連の研究で知られる。
2 元の写真はカラー。'Victoria's Secret 'Perfect Body' campaign sparks backlash', http://www.huffingtonpost.com/2014/11/06/victorias-secret-perfect-body-campaign_n_6115728.html より転載（2015年6月5日閲覧）。他にも複数のニュースソースで確認できる。
3 ジェンダーとは、社会的・文化的につくられた性差のこと。たとえば骨格や性器の違いや、遺伝子の違いといった生物学的な差ではなく、社会生活を送るなかでつくられ、固定化されていく性規範や性役割をさす。
4 もちろん、図9.2. もまったくの無修正というわけではない。
5 元の写真はカラー。'Dove Firming Tested on Real Curves', http://theinspirationroom.com/daily/2005/dove-firming-tested-on-real-curves/ より転載（2015年6月5日閲覧）。商品がみえる部分はカットされている。他にも複数のニュースソースで確認できる。
6 1985年に放送を開始。シリーズは継続中（2015年現在）で、イギリスで絶大な人気を誇る。
7 'EastEnders boss: impose ethnic quotas and I'll quit', http://www.telegraph.co.uk/news/bbc/11385199/EastEnders-boss-impose-ethnic-quotas-and-Ill-quit.html（2015年6月5日閲覧）
8 関根政美『多文化主義社会の到来』朝日新聞社、2000年。
9 そのため、区分の仕方もまちまちである。白人、黒人、アジア人、インド人、アラブ人、ユダヤ人、イスラム教徒など。

コラム7
メディア教育

　カナダ・オンタリオ州（首都オタワやカナダ最大の都市トロントのある州）では、「英語─メディア科（English-Media Studies）」という教科のなかで、おもにメディア教育が実施されています。オンタリオ州は、第1学年から第12学年（日本の小学1年生から高校3年生まで）の学校教育の公的なカリキュラム（日本の学習指導要領に相当する公文書）に、メディア教育を世界に先駆けて導入した地域です。独立した科目でメディアリテラシーが教えられている場合と、日本でいえば国語科にあたる英語科のなかで、おもにメディアリテラシーの専門資格をもった教師がこのような授業をおこなっている場合があります。オンタリオ州の場合、上図に示した「分析の視点」の3つの各視点からメディア・テクストを分析し、最終的にはメディアリテラシーの5つの基本概念（①メディアは「現実」を構成している、②オーディエンスがメディアの意味を解釈する、③メディアは商業的・社会的・政治的意味をもつ、④メディアはイデオロギーや価値観を伝えている、⑤それぞれのメディアは独自の様式で情報を伝えている）の獲得をめざしています（森本2014）。

　一方、メディアリテラシー教育発祥の地として知られるイングランドでは、オンタリオ州と同様、英語科を中心として、社会科系科目や美術などの授業でメディア教育がおこなわれています。記号論を応用したメディア分析を教育活動に導入し、メディア教育を体系化したマスターマン（Masterman, L.）は、

分析の視点（三角形モデル）

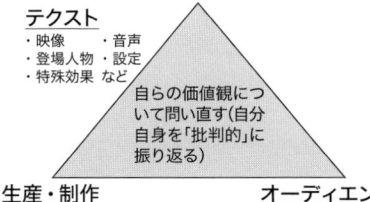

テクスト
・映像　　・音声
・登場人物・設定
・特殊効果　など

自らの価値観について問い直す(自分自身を「批判的」に振り返る)

生産・制作
・著作権　・所有者
・法律　　・規制
・流通経路　など

オーディエンス
・性別・文化・年齢
・立場・身分　など

選挙広報の分析を授業でおこなった事例を紹介しています。また、マスターマンの主張を乗り越える形で独自のメディア教育を理論化したバッキンガム（Buchingham, D.）は、分析の視点として「言語」、「生産・制作」、「オーディエンス」、「リプレゼンテーション（イメージの再構成・再提示）」の4つを提唱しました（マスターマン 1985=2010、バッキンガム 2003=2006）。

また、アメリカでも全米メディアリテラシー教育学会（National Association of Media Literacy Education: NAMLE）を中心に、熱意ある教師がメディア教育実践をおこなっています。アメリカでの取り組みは多様なので、一概には言えませんが、NAMLEは①アクセスする、②理解する、③意識化する、④分析する、⑤評価する、⑥つくる、⑦振り返る、⑧参加するの8つのスキルや知識の獲得がメディア教育の目標であるとしています（Scheibe and Rogow 2012）。

これらの国や地域のメディア教育に共通するのは、自分の身の回りにあるメディアから入手できる多種多様な情報を、「誰が流しているのだろう？」、「なぜ流しているのだろう？」、「他の人だったらどのように解釈するだろう？」、「何が流されていないのだろう？」、「もっと他の伝え方はなかったのだろうか？」などといった観点（=「分析の視点」）から、多角的に考える（=批判的に思考する）ということです。「学校で学んでいること」と、「自分の生活・経験」があまり結びつかなかったという人も多くいると思いますが、メディア教育は学校と自分の生活を直接つなげるための教育としてこれらの国や地域では認識され、メディア社会をクリティカルに生きる子どもや若者の育成をめざしています。

［森本洋介］

10 メディアリテラシーの系譜
3つの学びのモデル

🔊 解説

1. 歴史から抽出される3つの学びのモデル

　この章では世界中で取り組まれてきたメディアリテラシーの歴史をふりかえってみましょう。メディアリテラシーの活動は、コミュニケーション技術の発達や社会状況の変化を背景に、その教育や普及に取り組む世界中の人びとの意志とアイディア、創意工夫のもと展開しました。そのなかでメディアを学ぶ目的や手法、さらにはメディアリテラシーの概念自体も発展的に変容してきました。これまでのメディアリテラシー活動の軌跡をたどると、つぎの3つの学びのモデルが浮かびあがってきます。(1) メディアから身を守るために正しい知識を教えようとする「保護モデル」、(2) メディアは現実を再構成していると考えいかに構成されているかを読み解くための「分析モデル」、(3) 新たなメディアの可能性を考える「創造モデル」です。歴史をふりかえりながら、この3つのモデルを順に見ていきましょう。

2. メディアから身を守るための「保護モデル」

　メディア研究の多くはコミュニケーションを成り立たせる中間のモノをメディアと定義し、あらゆるモノがメディアとなる可能性をもっていると捉えています。そう考えるとメディアを学ぶ活動がいつから始まったかを厳密に述べるのは難しいです。道具をつかいはじめた人類の歴史とともにメディアリテラシーは取り組まれてきたということができるでしょう。しかしながら、人びとが自分と世界をつなぐ「間」のメディアの影響を強く認識したのは、19世紀末から20世紀初めに簡易なカメラや蓄音機、映画、電話、ラジオ、テレビといった視聴覚のコミュニケーション技術の爆発的な誕生期でした。より遠くのものを見て、離れた場所の人と話すことを可能にするこれらの技術は、人びとの

好奇心をかきたて、大衆のあいだに急速に普及してきました。と同時に、その影響力が注目されていきます。ラジオの影響力を強く印象づけた例として、1938年、米国CBSラジオがオーソン・ウェルズ原作のラジオドラマ「宇宙戦争」を放送したさい、物語中の火星人侵略を聴取者は本当のことと思いこみ全米中でパニックに陥ったという事件があげられます。

　こうした大衆を惹きつける視聴覚メディアの影響力が認識されるなかで、メディア教育が取り組まれていきます。そのひとつは大衆メディアによって文化が低俗化するという懸念によるものです。英国の文芸批評家のF・R・リーヴィスとデニス・トンプソンによれば、マスメディアは危険な「低俗」文化でした。1930年代、彼らはそうした「低俗」文化と伝統的な文学作品や芸術などの守るべき「高級」文化との識別をするための批判的な気づきをうながす教育を提案し、取り組みました。もうひとつは大衆メディアのプロパガンダ（政治的宣伝）利用への危惧から生まれた取り組みです。第二次世界大戦では、大衆向けのメディアを用いたプロパガンダが各国でおこなわれました。ナチス・ドイツの総統アドルフ・ヒトラーは、当時のニューメディアであった映画やラジオ、ポスターなどを戦略的に活用して、思想の統制や戦争動員を推し進めたことでも有名です。プロパガンダ映画における巧妙な映像の写実性など、視聴覚メディアのあたかも本当と思わせるような大衆操作に危惧の声もあがりはじめます。この時期イギリスの公共放送局BBCは視聴者にメディアに対して批判的であるよう訴え、プロパガンダを見分ける番組を制作しました（菅谷2000：28）。また、ローマ教皇庁がメディア教育の重要性を公式に宣言し組織的な取り組みをはじめたのが1936年です（メディアリテラシー研究会1997：26）。

　これらの取り組みに共通していた点は、それまでにない視覚と聴覚に訴えるメディアの影響力に対する危惧と、簡単に操作されやすい無力な大衆像をもっていたことだといえるでしょう。そうした大衆を保護するために、正しい知識を身につけさせるという啓蒙として、メディア教育が取り組まれはじめたのです。

3．メディアの構成を読み解く「分析モデル」

　第二次世界大戦後は、テレビ放送が本格的に始まり、映画やラジオに代わっ

てメディアの中心になりました。各家庭に置かれたテレビは、自分たちが直接見聞きすることのない外の社会を日常的に映しだすようになります。国境を超えた異なる文化の情報や思想の流れが文化的アイデンティティを揺るがすという議論も起きていきました。テレビが大きな影響力を与えるなか、世界各国でメディア教育に取り組む動きが見られます。1960年代後半から1970年代にかけて北欧ではメディア教育が正規の学校教育のカリキュラムに取り入れられはじめました。また、世界のメディア教育を早くから牽引したのがユネスコ（国際連合教育科学文化機関）でした。1962年に「映画・テレビ教育に関する国際集会」が開催され、1977年には「教育におけるメディア・スタディーズ」報告書が刊行されます。1982年に採択された「メディア教育に関するグリュンバルト宣言」では、メディア接触の高さや社会的役割の増大を背景にメディアへの批判的な理解力の育成が必要であるとし、教育プログラムの開発や国際的な協力の促進をよびかけました。こうした取り組みの背景には、ユネスコが1978年に「マス・メディア宣言」として採択した、西側先進諸国に偏った国際的な情報の流れへの批判と、南側発展途上国からの声もあげられるような「新国際情報秩序」を求める動きがありました。

　グローバルにメディア教育への関心も高まるなか、英国ノッティンガム大学のレン・マスターマンがメディアリテラシー教育を初めて理論的・体系的に説明しました。マスターマンは、1985年に『メディアを教える——クリティカルなアプローチへ』を著し、メディアリテラシーの実践を支える理論的枠組みを提示し、世界中のメディア実践者に大きな影響を与えました。英国では1950年代からカルチュラルスタディーズという研究が生まれ、高級と大衆（低俗）と二分するのではなく人びとを取りまく生活の全般を文化と捉える見方が提唱されました。またそのなかで、メディアはさまざまな意図や価値観、政治経済的な文脈にもとづく複雑で社会的な構成物であることが論じられました。マスターマンはこうした知見をもとに、メディアは現実そのままではなく、現実を記号化し再構成して提示しているということを主張しました。彼はその記号化され構成されたメディア（＝メディア・テクスト）を分析的に読み解いていくことで、そこに潜む価値観や特定のものの見方などのイデオロギー機能を学習者ひとりひとりが明らかにしていくことを試みます。たとえば、地理の授

業資料として無料で配布されている美しい田園のビデオは理想化された現実であり、そのまま受けとるのではなく、誰が、どのような目的で、どんな情報源をもとにメディアの内容をつくっているのか、それを支える制度は何かなどについて探求するような教育を考えました。メディアに対する「クリティカルな自律性」の獲得をめざし、教師と学生、学生どうしの対話によって省察を深めていくアプローチを提唱したのです（マスターマン1985=2010）。

　同じく英国でメディア教育をリードしたロンドン大学のデビッド・バッキンガムは「プロダクション」「言語」「リプリゼンテーション」「オーディエンス」という4つのキー概念を提示し、学習者がメディアをみずから分析できる道具を準備しました。マスターマンがメディアに埋め込まれた他者のイデオロギーに着目していたのに対し、バッキンガムは子どもたち自身のメディア認識に目を向けました。学び手が自分のメディア経験に目を向け、ふりかえるプロセスの重要性を強調しました。メディアリテラシーは「保護の一形態ではなく参加の一形態」と主張し、学習者による制作も重視しました（バッキンガム2003=2006）。このように大学の研究と結びつきメディアリテラシーの実践のための理論や実践の手法が整えられた英国では、1988年にはナショナル・カリキュラムに「メディア」が採りあげられ国語科で授業がおこなわれるようになります。

　マスターマンとバッキンガムによってまとめられた理論や分析の道具は、欧米、アジア、アフリカでそれぞれの活動を発展させつつ地域の文脈にもとづき取り組まれていきました。なかでもテレビ番組をはじめとする米国の大衆文化が大量に流通するカナダの取り組みが有名です。米国の影響がカナダの文化的アイデンティティを脅かしかねない状況にあるなかで、メディアへの理解を深め、批判的な主体の確立をめざす教育がおこなわれました。メディア論の先駆的研究者であるマーシャル・マクルーハンの学生であったバリー・ダンカンらは、草の根的な教師のネットワークによってメディアリテラシー教育を進めました。彼らの住むカナダのオンタリオ州では1987年に英語科の選択必修科目となりました。オンタリオ州の教育省はダンカンらの教員連盟と協力してマスターマンのイデオロギー分析やカルチュラルスタディーズ研究者のスチュアート・ホールのテクスト分析、マクルーハンのメディア論を参考に批判的な読み

解きを指針とする『リソース・ガイド』を1989年に出版しました（カナダ・オンタリオ州教育省1989=1992）。イギリスにおける理論、カナダでの実践をつうじ、現実を再構成するメディアをひとりひとりが読み解くというメディアリテラシー教育が確立したのです。

4. メディアの可能性を考える「創造モデル」

　さいごに紹介するモデルは日本で取り組まれたものです。日本の視聴覚メディアについての教育は、1920-30年代の映画教育に遡ることができます。戦後はマスメディアに対して批判的にアプローチする市民活動や大学、メディアを活用した学校での放送教育や視聴覚教育、メディア操作スキル獲得のための職業訓練などによって取り組まれてきました。その後、英国やカナダのメディアリテラシー理論や実践が、1990年代の初めに現・FCTメディアリテラシー研究所（1977年の創設時は子どものテレビの会）により書籍の翻訳などをつうじて紹介されました。加えて、やらせや報道被害の問題に関連してマスメディア批判が高まり、パーソナルコンピューターやインターネットなど新たなデジタル・コミュニケーション技術が普及するようになると、日本でもメディアリテラシーの取り組みがより多くの人に注目されるようになります。1990年代後半には概念の整理や活動が提案されていきます。

　水越伸はこれまでのメディア教育の活動の系譜を踏まえ、メディアリテラシーには「メディア受容」「メディア表現」「メディア使用（操作）」の要素があり、かつ3枚の重なった巻物のように複合的な力として構成されることを強調しました。そして「人間がメディアに媒介された情報を構成されたものとして批判的に受容し、解釈すると同時に、自らの思想や意見、感じていることなどをメディアによって構成的に表現し、コミュニケーションの回路を生み出していくという、複合的な能力」と定義しました（水越1999）。

　2000年には、当時の郵政省が研究者、教育者、放送関係者らを集めてとりまとめた「放送分野における青少年とメディアリテラシーに関する調査研究会報告書」が公表され、そこでもメディアリテラシーはメディアの読み解きと活用、コミュニケーション創造を併せもつ複合的な能力とされました。同年、「メディアリテラシー教育研究会」「デジタル表現研究会」「川崎国語メディア研究

会」など学校教員、研究者による研究会が立ち上がり、翌2001年には東京大学情報学環を拠点とし、水越らを中心とした「MELL（メディアと表現、学びとリテラシー）」プロジェクトが5年を期限に開始されます。

　MELLプロジェクトの活動は、メディアの受け手が「メディアを学ぶ」ものから、送り手も受け手もメディアに関わる人すべてで現状を反省しつつ「メディアを創る」ものへとメディアリテラシーの概念を転じる試みでした。表現と受容、創造と批判の循環的な取り組みが提唱され、それらは教育目的のみではなく、メディアリテラシーのあり方自体を問い直していくような実践を手法とした研究プロジェクトとして試みられました。研究者、学校教員、学生、放送関係者、ジャーナリスト、ミュージアム関係者、NPOスタッフ、市民団体など多領域から約80名がメンバーとして参加し、多数のプロジェクトを越境的・協働的に展開しました。実践の場も放送局やミュージアムなどさまざまで、一方的に誰かが教えるような手法ではなく、対話や協働作業により創発を生みだすようなワークショップがもちいられるようになっていきました[1]。

　たとえば、日本民間放送連盟とおこなったメディアリテラシー活動では、放送局員が子どもたちに放送番組のつくり方を教えるのではなく、送り手と受け手の協働のミニ番組制作をつうじてたがいの理解を深め、日常の番組づくりをふりかえるワークショップとしてデザインされました。従来のように視聴者がメディアを学ぶだけでは、変わるのは受け手だけで放送自体に何の変化も起きませんが、放送局員も一緒にメディアを学びなおすことで送り手も変わり、視聴者の声の届く番組づくりへとつながります。新しい受け手と送り手の関係、新しい放送のあり方を模索するものでした。

　いちばんの特徴は、それまでのメディアリテラシーが、読み解きにせよ、制作にせよ、既存のメディアを対象とする取り組みであったのに対して、MELLではそれを前提とせず、新たなメディア環境や新たな人とメディアの関係を考えるものであったことです。これは、メディアは歴史的・社会的に構成されるという社会構成主義的なメディア論が明らかにしてきたメディアの可変性を思想的背景に、オルタナティブなメディア・コミュニケーションを生みだしていこうとするものでした。

　以上、メディアリテラシーの取り組みの歴史をふりかえりつつ、メディアリ

テラシーの学びの3つのモデルを紹介してきました。コミュニケーション技術の発達、社会状況の変化、そして関わる人の思いと行動により、今後も新たなモデルは生まれていくでしょう。現在、メディアリテラシー教育は大学、学校、放送局、美術館、NPOなどでさまざまな担い手により自発的、草の根的におこなわれています。携帯やスマートフォンなど、よりパーソナルで個々の身体と結びつくメディア環境が生まれていくなかで、メディアリテラシーは誰もが取り組む、より日常的な実践となっていくでしょうし、多様な場で学べる環境が求められていくでしょう。

▶ 学びのポイント

　世界的な歴史をふりかえることで、メディアリテラシーの取り組みの発展的変容と知見の深まりを理解してもらえたらと思います。時にメディアリテラシーはメディアの"悪"影響から身を守るための批判行為と捉えられがちです。しかし、そこを出発点としたとしても、自分自身のメディア表現も対象とした学びであり、その先に広がる豊かなメディア・コミュニケーションを創りあげていく取り組みであるということを理解することが大切です。トレーニングシートのメディア・ワークショップづくりにもぜひ挑戦してみてください。

[土屋祐子]

1　MELLプロジェクトで取り組まれたプロジェクトや実施したワークショップは以下を参照（東京大学情報学環メルプロジェクト・日本民間放送連盟2005）（水越伸・東京大学情報学環メルプロジェクト2009）。また、MELLプロジェクトは5年で終了し、その後、交流と場づくりを目的としたMELLプラッツが5年展開された。

コラム8
大学でメディアリテラシーを教えること、学ぶこと

　この本は、おもに大学で、あるいは大学生以上の人がメディアリテラシーを積極的に学ぶことをめざして書かれたテキストです。では、大学でメディアリテラシーを教えること／学ぶことについて、みなさんはどう考えますか。

　いきなりそんなことを聞かれても困る、と思うかもしれませんが、こう言うのにはわけがあります。というのも、メディアリテラシーを教える手法は「子ども」をおもな対象として体系化されてきたからです。ここでいう子どもとは、小中校生をさす場合が多いのですが、アメリカやオーストラリアでは「K-12」という括り方で、4歳児の幼稚園生（kindergarten）から19歳の高校生までをその対象者として考えます。そして、小規模の教室で子どもたちが手をつかって作業し、そこから生まれる疑問や気づきを繰り返すことでメディアリテラシーを涵養していくのです。つまり、メディアリテラシーは、学校教育のなかで、国語や美術などと同じように教えられるべきものだとするのが現在の世界的な潮流です。もちろん、イギリスのオープンユニバーシティやアメリカのパブリック・アクセスのように、メディアリテラシーを成人教育として積極的に展開する活動がないわけではありませんが、相対的には小さな動きです。

　一方、日本では、一部の学校の先生たちの積極的な活動があるものの、メディアリテラシーを涵養するプログラムは義務教育のカリキュラムにほとんど入っていません。その代わり、メディアリテラシーの名を冠した授業が、2000年以降多くの大学で導入されました。しかもその多くは、一般教養科目などの講義科目として置かれています。

　こうした違いにはどのような背景があるのでしょうか。はっきりとはわかりませんが、日本では、義務教育として浸透しないことでかえってその周辺に活

動が広がったのではないかと考えられます。市民活動家として日本にメディアリテラシーを紹介した鈴木みどりや、そうした活動を社会のさまざまな構成員と協働しながら展開した水越伸らをはじめとする大学関係者の牽引も大きいでしょう。メディアリテラシー活動は小中高の教室の外で――具体的には大学の講義や市民講座やケーブルテレビ局などで――おこなわれています。

　「子ども」ではなく「大人」を対象にしたとき、欧米圏で確立されている子ども用・K-12用のプログラムとまったく同じ方法で、というわけにはいきません。大人は子どもに比べて手をつかうことが苦手です。ものごとをすぐに「頭で」考えようとします。ですから、メディアリテラシーのプログラムも、頭で考えることと手をつかうことのバランスの良さが求められます。本書は、大学の座学で学びながらも、同時にある程度手を動かすことで、両者を有機的に結びつけることを意識して書かれています。

　また、2000年以降大学での授業が増えたもうひとつの理由として、ネット社会がこれまで想定もしなかったような個人とメディアの関係を生みだしたということがあります。そうした状況では、もはやメディアリテラシーを備えていることは、社会で生きていくことと同義なのです。そして、メディアリテラシーという営みが、日々ものを考えることや、人と接することそのものであることに気づくことができるのは、社会や自身のことをより俯瞰して捉えられる大人ならではです。デビッド・バッキンガムの言葉によれば、メディアリテラシーは「分析、評価、批判的な〈振り返り〉reflectionを要件とする」（バッキンガム 2003=2006：53）作業ですから、これをむしろ大学生以上になってやることは、非常に高度な振り返りを可能にするということだと思います。

[村田麻里子]

II

応 用

メディアを拡張して考える

はじめに

　第Ⅱ部は6つの章から成ります。ここでは、メディアという概念をもっと拡張して考えていきます。

　これまで第Ⅰ部では、生活のなかで身近なメディアをひとつずつ個別にとりあげ、それぞれのメディアのしくみを学んだり、メディア・テクストを読み解いたりすることに重点を置いてきました。しかし、私たちの社会におけるメディア環境やその作用は、じつはそれよりも時間的にも空間的にもずっと広く、深いものです。スマートフォンを肌身離さずもちながら、広告やサインであふれる街という空間を闊歩するとき、私たちの身体はメディアに包まれ、もはやメディア環境という水槽のなかに浸かっているような状況にいるともいえます。そのことを実感するためには、今あるメディアの現状を分析する作業にとどまらず、実際に教室の外に出て身体全体をつかいながら、メディアそのものの意味やあり方を組み換えていくような実践に取り組むことが有効です。

　第Ⅱ部では大きく2つのことを学びます。ひとつは、私たち自身が日常のなかから生みだす表現活動の意味について、自分のアイデンティティと結びつくものとして、あるいは日々を生きることそのものに直結するものとして捉えようということです。たとえば、ケータイやスマートフォンの普及によって、撮影という行為は、かつてとは比べものにならないほど日常的なものになりました。私たちはなぜこんなにも写真を撮らずにはいられないのでしょうか。そしてなぜそれを人と共有したくなってしまうのでしょうか。第Ⅰ部では「読む」、すなわち解釈することや分析することに重点を置いてきましたが、ここではむしろ「書く」こと、すなわちメディアを介して何かを伝えたり、表現したりすることがもたらす意味について、しっかりと考えていきたいと思います。

　もうひとつは、記号、装置、空間という「メディア」についてです。都市という空間がいかに多くのメッセージを媒介させているか、考えたことはありませんか。たとえば看板、ポスター、サイン、貼り紙など、林立するビルの表面からエスカレーターの手すりに至るまで、街中のあらゆる場所にメディアが張りめぐらされていますし、そこを行き交う人びとにさまざまなメディア作用をもたらす都市という空間そのものもまたメディアなのです。さらに、コンビニ

や、デパートや博物館や博覧会やディズニーランドといった空間も、それぞれ独自のしくみをもつメディアであり、装置でもあることを学ぶことになるでしょう。

　実際、私たちは、街中や街角に遍在するこれらのメディアを介して、はるかに多くの情報やメッセージを媒介させています。しかも、私たちみずからがスマートフォンを片手に写真を撮り、そうした街の空間を、ネットの空間へと投げ込んでいきます。

　メディアがコミュニケーションを媒（なかだち）するものである以上、それは必ずしも目に見えるわかりやすい機器の形をとっているとは限りません。時間的にも空間的にも遍在し、自然化されているからこそ、そのしくみが私たちの心や身体に深い作用をもたらしていることに気づきにくいのです。だからこそ、メディアを拡張して考える思考を身につけることは、メディアリテラシーを養ううえできわめて重要なことなのです。

[村田麻里子]

⑪ 写真で地域を物語る
自分なりの「ものの見方」とは

🔊 **解説**

1. 写真を撮ることは世界を解釈すること

　カメラ機能の付いたスマートフォンや携帯電話をいつも持ち歩いている人も多いと思います。きれいな景色を見たとき、おいしいものを食べたとき、忘れないためのメモ代わりにシャッターを押す人も少なくないでしょう。写真を撮るということはごく日常的な行為になっています。そのような写真を撮る行為には表現についてのメディアリテラシーの学びが詰まっています。かつて哲学者のスーザン・ソンタグは「写真は絵画やデッサンと同じように世界についてのひとつの解釈なのである」と述べました（ソンタグ1979=2003：13）。ソンタグの指摘のように、写真を撮ることは世界を解釈することと捉えることができます。ここではそうした世界の解釈に意識的に取り組むカメラ撮影を「写真実践」とよびたいと思います。本章では、身近なカメラ機能を用いた写真実践からみなさんのものの見方を広げ、さらにステレオタイプを越えた自分なりの視点で地域や社会を語ることについて考えていきたいと思います。

2.「ものの見方」を意識しよう

　ソンタグの「写真は世界の解釈」という主張についてもう少し具体的に考えてみましょう。ソンタグは、写真を撮るということは「どの個人が見るかということの証拠であり、ただの記録ではなく、世界の評価」と述べています（ソンタグ1979=2003：95）。私たちが思わず足を止めて公園に咲いている花の写真を撮るとき、そこではひとりの個人の「きれい」「鮮やか」「可憐」といった美意識にもとづく評価がなされ、自分を取り巻く世界のなかからその花を主題として写真を撮る選択が生まれています。加えて、撮影時にはアングルや光の当たり方など、どのように撮るとその花の美しさを伝えられるかという表現の

工夫が検討されるでしょう。そこで起きていることは、自分なりに見出した美しいという世界に対する意味の付与です。世界への解釈であり、つまり自分なりのものの見方であり、そのものの見方は撮られた写真によって可視化され、人の目に触れられるようになるのです。そうした「写真を撮る行為＝どう世界を見ているのか」に意識的になることで、みなさんのものの見方を見つめなおすメディアリテラシーの学びになります。

　では、意識的になるとは具体的にどうすればいいでしょうか。簡単な方法に、他の人の写真と比べてみるということがあります。一緒に旅行に行ったり、大学祭でイベントに参加したり、同じ経験や時間を過ごしたあとで、その間それぞれが撮影した写真をみんなで見てみましょう。同じ場にいて、同じ経験をしていたはずなのに、自分とは違うものを撮っていたり、同じ場面でも人物のアップや背景が多いなど撮り方が異なっていたり、自分とは異なる眼差しや伝えられる印象に気づくと思います。こんどは自分もそうした写真を撮ってみようと思うかもしれません。同時に、他の人の写真と比べてみて初めて自分のものの見方を認識することができるでしょう。自分でも気づかないうちに自分自身がある特定の見方をしているということに気づくかもしれません。

　図11.1.は写真を撮る行為を図示したものです。私たちは現実世界をカメラのファインダーを通してのぞき、写真のフレームに沿って〈現実〉を切り取ります。現実を〈現実〉と書くのは、それが手つかずのそのままの現実ではなく、これまで述べてきたような写真を撮るなかでなされる解釈された現実であることを示しているからです。そして〈現実〉として、何をどう切り取るのかが私たちのものの見方の表れであり、そこにはみなさん自身の世界への評価や見出された意味が付与されるのです。そうした物事を見る目を「パースペクティブ」とよびます。他の人と写真を比べるという行為は、フレームによって枠づけられ切り取られる〈現実〉が複数あることへの気づきになるでしょう。自分のフレームの外にはまだ多くの現実世界があり、多様な切り取り方がある、ということを

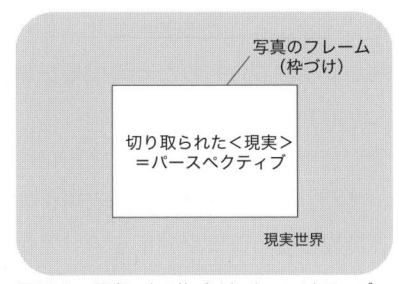

図11.1. 写真による枠づけとパースペクティブ。

第11章　写真で地域を物語る

認識しておくことで表現の可能性は広がります。世界のものの見方を広げていくような自らのパースペクティブを豊かにすることが重要です。

3. メディアによる枠づけと表現

　さらに、私たちのものの見方を広げつつ深めていくような写真実践「写真で発見ワークショップ」を紹介したいと思います[1]。伝える相手を変えて写真を撮ってみるというワークショップで、私が主に大学の授業でおこなっているものです。「あなたは『〇〇に向けた』写真の撮影を頼まれました。あなたが□□のもっとも魅力になると考えたイメージを撮影してきてください」という設定で、〇〇に該当するオーディエンスに向けた写真を撮りに行きます。□□には自分の所属する大学の名前を入れ、「(1) 進学を希望する高校生　(2) 受験生を抱える親　(3) 日本への留学志望の外国人学生　(4) 友人　(5) ボーイ／ガールフレンド」をオーディエンスの設定候補にします。参加者は、そのなかから2種類のオーディエンスを選び、自分が決めた特定の相手に向けて写真を撮りに行きます。すると、大学の建物、授業のようす、学食のメニュー、部活で汗を流す友人の姿、思いがけず発見したキャンパスでくつろぐ猫などさまざまな写真が集まるでしょう。大学のパンフレットに載るような整然とした写真から、友だちに見せるようなユーモアあふれる写真まで多様な場面が切り取られるのではないかと思います。参加者それぞれのものの見方が提案され、アングルや主題の配置など写真ならではの伝え方の多様性、さらには写真の描写と現実の差に気づくことになるかもしれません。通常の写真撮影と異なるのは、オーディエンスを設定するために、ひとりひとりが「何を撮るべきか」をはっきりと意図するようになり、そして見慣れている自分のいる環境の特徴や価値を積極的に探すようになることです。いつも漠然と「いいな」と考えていたことを、誰かに届ける目的のために捉えなおす作業になります。写真にタイトルをつけたり他の人に撮影意図を説明したりすると気づきはより深くなるでしょう。自分で付与した価値をさらに言語化して明確にします。

　また、この実践は、自己表現を越えた社会的なメディアリテラシーの学びへと発展させることができます。誰かのために写真を撮るというオーディエンスの設定は、通常、趣味ではなく職場でおこなわれていることです。たとえば、

写真家として高校生向けの受験雑誌のための写真を撮る、外国の人に広報するウェブサイトをつくるなど、この実践はプロの送り手を体験するロールプレイング型の学びとしてデザインもできるのです。撮影後は実際にプロの撮影した大学パンフレットと比較してみましょう。撮影技術は別にしても、みなさんの視点で撮ったほうが生き生きとした大学生活を写しだすことができるかもしれません。また、実践での経験を思い起こしながら、新聞や雑誌、ウェブ、ポスターなどで使用されている写真を見てみましょう。どのようなメッセージが読みとれるでしょうか。

さらに重要なのは、こうした写真実践が、メディアリテラシーの基礎的な学びと結びつくということです。素朴なメディア批判としてメディアはありのままの現実を伝えないという声があがることがあります。先ほどの図11.1.を思い出してください。写真に限らず、世界の何かを伝えようとすれば、ちょうど写真のファインダー越しに世界を四角く枠づけるのと同じく、ある一部の物事を切り取って伝えることになります。それがたとえテレビ番組の時間の制約にせよ、新聞の記事のスペースの割り当てにせよ、使用できる技術にせよ、あらゆるメディアには何かしらの枠づけがあります。しかし一方で、何かしら枠がなければ表現も受容もできません。あらゆる現実をすべて同時に伝えることは不可能であり、枠づけは表現の限界であると同時に表現を可能にする道具でもあります。そもそもどう枠づけるか自体が表現の一部です。大切なことは、あらゆるメディア・コンテンツがそうした枠づけられた表現であることを理解しておくことです。また、そうした枠づけが誰／何によって何のためにどのようになされているのかを考えることが大事です。その枠づけは、技術的特性や個人の意図だけでなく、産業的、政治的、文化的、つまり社会的になされています。たとえば、CM映像であればターゲットとなる特定層に商品の魅力を伝える、短い映像にする、流す国や地域の慣習にしたがう、など表現の"枠"がおのずと決まってくるでしょう。さらに大切なのは、私たちが1枚の写真、もしくはひとつのメディア・コンテンツを目にしたさい、それ自体を鑑賞すると同時に、その枠の外側に広がっているであろう現実や別の表現の仕方に対して想像力と創造力をもてるようにすることです。このように、写真実践は写真に留まらず表現を枠づけるメディアの本質的な理解へと接続します。メディアを主

体的に読み解くということは、こうした枠づけ＝メディア・フレームに気づき、その特性を理解するという作業です。また、みずからがメディアで表現するには、メディア・フレームをずらしたり、広げたり、別のフレームを用いたり、フレームを操作可能な道具とする力が必要です。枠づけられたパースペクティブにとらわれずに、メディア・フレームの外側に出て鳥瞰的に見おろすような、「メタ・パースペクティブ」という視座をもつことが、メディアリテラシーの学びには大切です。

4．写真から地域を物語る

このように写真実践は、自分自身のものの見方を広げたり深めたりする学びになります。最後にそうしたものの見方を意識したメディア作品づくりについて考えてみましょう。大学の授業やゼミでは、映像やラジオ、雑誌、動画CMなどで、地域のPRや社会の課題を伝えるためのメディアづくりをおこなうことがあると思います。そのさい、よく自分の言葉で表すことが大事、といわれるでしょう。これは世の中で一般的にいわれているような説明をくりかえすのではなく、自分なりの視点をもって考えたことを語り、表現するということです。しかし、自分の視点から語るのはけっして簡単なことではありません。自分の住む地域について映像で紹介してください、といわれても、何をどこから伝えたらよいのか困ってしまう人も多いのではないでしょうか。見たことのある映像やストーリーをとりあえずお手本にするかもしれません。ここで留意してほしいのは、「ステレオタイプ」に陥らない、ということです。ステレオタイプとはあらかじめ用意された型にそのまま入るような典型的で画一的なイメージのことをさします。お笑い好きの大阪、癒しの沖縄、悪い政治家などが喩えになるでしょうか。こうしたステレオタイプは地域PRやブランド形成の道具にもなりえますが、誤解や偏見を生みだしてしまったり、存在する他の魅力や価値を消してしまいかねません。マスメディアのテレビ番組や新聞記事では、地域や外国の人たち、女性の描き方などはよくこうしたステレオタイプに陥っているとして批判されることもあります。またステレオタイプは自覚なく私たちの意識に内面化していることも多いのです。こうしたステレオタイプを乗り越えた自分なりの表現はどう可能になるのでしょうか。

ひとつの手法として、写真実践を作品づくりに生かすことができるでしょう。写真を活用して地域カルタをつくる例を挙げます。私は大学の授業で、写真を絵札にしてそれぞれに合う読み札を考えてもらい、地域のことを伝える「フォトカルタづくり」という取り組みをおこなっています[2]。制作プロセスでは、最初にフィールドに取材に行き、地域の物語の「種」を集めます。参加者は風景や建物、人びと、町のようすなど気になった場面を可能な限り写真に撮り、持ち帰った写真はグループのみんなで共有します。グループのメンバーは撮影した写真についてたがいに説明しながら、印象に残った場所や聞いたエピソード、疑問などを話しあい、地域のどういう点に着目して伝えるのか、カルタのテーマを決めていきます。テーマはグループごとに、景色の楽しみ方、歴史探訪、食べ物紹介などさまざまに見出されます。その後の読み札の作成などでも写真はくりかえし参照されます。写真は単純に絵札の素材としてつかわれるのではなく、フィールドでの記憶を呼び起こす道具になります。写真撮影により物語の要素を発見し、さらに、そこに写っているさまざまな手がかりから、よりミクロな視点で語りを掘り起こし、地域の物語を再構成していくのです。写真実践による詳細への着目が、テーマ設定から一枚いちまいのカルタ札づくりまでステレオタイプを乗り越えた作品づくりを後押しします。自分たちなりのものの見方で地域を評価し、価値を付与し、それを他人に伝えられるように写真や言葉で表していくのです。

　ここではフォトカルタを例に挙げましたが、カルタという形式でなくても撮影した写真をならべて動画にしたり、コピーなどを添えてポスターにしたり、ポストカードにして誰かに送ったり、写真展を開いたり、写真から地域を語るメディア表現様式はさまざまにあります。実際にこうした写真を物語の種として地域を語り直し、伝えていく試みは、デジタルストーリーテリングという写真と自分のナレーションで制作する自己語りの動画作りとして世界中でおこなわれています（第18章）。写真を撮るという行為は、世界に新たな意味を見出し、地域や社会の物語の再構成へとつながっていくのです。

▶ 学びのポイント

　メディアリテラシーの学びが、物事を見るという日常の行為の延長にあると

いう前提をしっかり理解してもらえればと思います。いつも手元にあるカメラを用いて、自分のものの見方を広げるワークショップにもぜひ挑戦してみてください。

［土屋祐子］

1 初期は「魅力☆発見ワークショップ」という名前で実施。実践の仕方、撮影された写真など。土屋祐子「イメージを撮る、語る、共有する：オルタナティブメディア表現のためのメディアリテラシー・ワークショップ」広島経済大学研究論集33-3、2010年12月、pp.59-69。
2 制作されたカルタの内容やつくり方は下記を参照。
Ogawa, Akiko & Tsuchiya, Yuko "Designing Digital Storytelling Workshops for Vulnerable People: A Collaborative Story-weaving Model from the "Pre-story Space"," Vol.7, No.1, Journal of Socio-Informatics, Nov. 2014, pp.25-36.

12 自分を撮る
「わたし」が映す「わたし」

◀)) 解説

1.「自撮り」という現象

　毎年、成人式のようすからは、その時どきの若者の文化や潮流を感じることができます。2015年、報道でも注目された光景のひとつに、「自撮り」で記念撮影をする人たちの姿がありました。たとえば『朝日新聞』は、「自撮りでニッコリ」という小見出しをつけ、「「自撮り」用の棒に取り付けたスマートフォンで記念撮影する新成人たち」のようすを写真つきで伝えています[1]。たしかに、少し前の成人式ではあまり見られなかった光景かもしれません。本章では近年、身近になったこの「自撮り」という行為から、複雑化するメディアと私たちの関わりについて考えてみましょう。

　「自撮り」（または「自分撮り」）とは、文字どおり自分で自分を撮影する行為、あるいはそうして撮られた写真のことをさします。観光地やイベント会場で、そうした撮影を楽しむ人の姿を目にすることは少なくありません。英語では、「セルフィー（Selfie）」と表現されており、2013年にはイギリス『オックスフォード辞典』の「Word of the Year」（その年の言葉）に選ばれています[2]。

　「自撮り」を広く社会に意識させるようになったものとして、「自撮り棒」の存在は欠かせないでしょう。1mほどまで長く伸びる棒で、その先にスマートフォンなどを取り付け、手元でシャッターを切ることができるものです[3]。最近は、家電量販店でも広く取り扱われています。「自撮り」を伝える新聞記事を見てみても、「自撮り棒」に関するものが少なくありません。国内外でヒットしている道具として、あるいはそのマナーについてです[4]。

　もうひとつ注目したいのが、ソーシャルメディアとの関わりです。アメリカでは、雑誌『タイム』が、「2014年の25大発明」のひとつに「自撮り棒」（Selfie Stick）を選出しています。その背景として、オバマ大統領など著名人もSNS

でセルフィーをシェアしていることに触れ、「2014年、セルフィーは文化現象（cultural phenomenon）になった」と伝えています[5]。また、先述のイギリス『オックスフォード辞典』を見てみても、「セルフィー」とは、「自分自身で撮った写真。典型的には、スマートフォンやウェブカメラで撮影され、ソーシャルメディアを通して共有されたもの」と定義されています[6]。つまり、「自撮り」の広がりは、それらがInstagramやFacebook、Twitterなどソーシャルメディアで数多く共有、交換されていることと不可分なようです。

2.「自分で自分を撮る」ということ

　では、そもそもなぜ人びとは「自撮り」をするのでしょうか。どんな目的で「自分で自分を」あるいは「自分たちで自分たちを」撮るのでしょうか。逆に撮ったことがない人は、なぜなのでしょうか。ちなみに筆者が大学生にたずねたところ、「好きな画角で写真が撮れるから」「人に頼まなくてよいから」といった声が聞かれました。そう言われると、筆者は逆に「人に頼むやりとりが、むしろ楽しいのに」などとついつい思ってしまいますが、そういえばこういうことがありました。あるとき学生のみなさんが数人で必死に「自撮り」をしていたので、「撮りましょうか？」と親切心で声をかけたところ、「いいんです」と断られたのです。どうやら「自分たちで自分たちを一緒に撮る」というコミュニケーションこそが楽しいこともあるようですね。

　一方、過去の経験と照らしあわせて考えてみましょう。「自ら撮る」という行為そのものは、もちろん最近始まったことではありません。ご存じのようにセルフポートレートには長い歴史があります。また、身近なところでは、「セルフタイマー」を利用した写真撮影は、これまでも一般的に活用されてきました。三脚をつけて、あるいはちょうどよい高さの土台を見つけてカメラを設置し、時間内に急いで走ってポーズをとった経験はみなさんもあるでしょう。街角には「スピード写真」とよばれる、自動で証明写真などを撮影する機械も多く見られます。これらもいってみれば、人を介さないという意味では、自分で自分を撮影する行為です。

　さらに、日本で広がった「自ら撮る」行為として忘れてならないのが、「プリクラ」でしょう。通称「プリクラ」とよばれるプリントシール機は、1990

年代に一大ブームを巻き起こしました[7]。当時、頻繁に撮影しては、撮った写真シールを「プリクラ帳」や手帳の一部に収めて持ち歩き、友人や、時には知らない人と交換をくりかえす若者の姿が見られました。友だちや恋人など誰かと一緒に小さな機械に収まって自らを撮影すること、それ自体を楽しむことは、「自撮り棒」をつかった撮影にも似ていないでしょうか。また、「プリクラ」がそれまでの「自ら撮る」行為と少し違うのは、「写真交換によるコミュニケーションの新たなる時代を切り拓いた」といわれる点です[8]。できあがった写真シールをたがいに見せあったり、貴重な写真や面白いものを交換したりして楽しむという点も、「自撮り」に接続させて考えられるところがありそうです。

3.「自撮り」を共有するコミュニケーション

このように、私たちはこれまでも、自分で自分を撮ったり、その写真を交換したりするコミュニケーションを楽しんできました。それに対し、「自撮り」が特徴的なのは、先に触れたように、その交換・共有の場がインターネット上であることがひとつにあるでしょう[9]。自分で撮った自らの写真が、ソーシャルメディアをとおしてシェアされているということはどういうことなのでしょうか。少していねいに考えてみましょう。

今やネット上では、種々の「自撮り」が披露されています。SNSのプロフィール写真などアイコンとしてつかっているもの、興味をよびそうなメイクや表情をした顔写真、自らが遭遇した決定的瞬間を収めたものなど、さまざまです。ソーシャルメディアについては、先の章で論じられているように、双方向のコミュニケーションメディアとして多様な可能性が指摘されています。しかし、誰もがさまざまなことを調べたり、つながったりできる一方で、誰かから参照され得る空間でもあります。とくに「自撮り」をアップロードすることは、非常に個人的な情報である顔写真や自分の居場所などを、多くの人に公開することにもつながりかねません。

たとえばデイヴィット・ライアンは、「情報社会」は同時に「監視社会」でもあることを指摘しています。ここでいう「監視」とは、「個人の身元を特定しうるかはともかくデータが集められる当該人物に影響を与え、その行動を制御することを目的として、個人データを収集・処理するすべての行為」のこと

です（ライアン 2001=2002：13）。今や私たちの日常生活は、高度な通信情報テクノロジーに支えられています。それによって、利便性や効率性、あるいはある意味においての自由を手にしているかもしれませんが、同時に膨大な「個人データ」が絶え間なく集められ処理されています。また一方で、「監視」とは「見張って」いてくれるものだとも考えることができます。ライアンは、「監視」は「可能性を広げると同時に束縛をかけ、配慮にも管理にも関わる」ものであると示しています（ライアン 2001=2002：14）。

　そんななか、著名人ならば、「自撮り」を公開することによってプライベート感や身近さを演出したり、注目を集めたりする意図があることは理解に難くありません。しかし、いわゆるふつうの人びとが「自撮り」を公開するのはなぜなのでしょうか。

　ひとつに、誰かが「いいね！」や「RT（リツイート）」で反応してくれることを求めていることが考えられるでしょう。確かに、とっておきの写真であれば、多くの人に見てほしいと思うかもしれないし、また、たくさんの人が反応し共感してくれることは、安心感や喜びをもたらすこともあるでしょう。そんな何気ない期待からアップロードしている人は、じつのところ少なくないのかもしれません。しかし、そうした何気なく誰かに見てほしいと感じてアップロードするコミュニケーションは、じつはライアンが指摘するように、誰かに見られていることと表裏一体でもあります。

　とくにここでは、そうした両義性はきっとすうすうわかっていながらも「自撮り」をアップロードする行為が広がっていることに、ぜひ注目して考えてみましょう。私たちが誰かに見てほしいと願うということは、どういうことなのでしょうか。また、自分（たち）で撮った写真をみてほしいと思うこと、あるいは承認してほしいと願うことは、どのように考えられるのでしょうか。そうした期待は誰に向けられたもので、また、ネット空間だからこそ果たされるものなのでしょうか。とりわけ「自撮り」の場合は、自分自身が映しだした「自分の像」を、誰か（知人、あるいは見知らぬ人）のまなざしにさらすことになるわけです。そうした他者のまなざしや反応を、私たちはどのように受け止め、そしてそれは、自分自身を理解することにどう関わっているのでしょうか。「自撮り」の広がりを考えることは、私たちがメディアのある社会の両義性と、そ

こに生きる自分自身とどのように向きあい、これからを想像するべきなのか、その重要なきっかけにもなるかもしれません。

学びのポイント

　ポイントは大きく2つです。ひとつ目は、「撮る」というコミュニケーションを考えることです。カメラはたんに撮影という用の道具ではなく、私たちは撮るという行為そのものを楽しんだり、それをとおしてコミュニケーションをしたりしています。そのことを意識してみましょう。ふたつ目は、自分で自分（あるいは自分たち）を撮った写真をなぜ、どのようにして交換・共有するのかという点です。もちろんこの2点は接続していますが、まずはそれぞれをわけて議論してみましょう。おのおのが私たちに何気ない日常のコミュニケーションのありようを気づかせてくれるでしょう。

[林田真心子]

1 『朝日新聞』2015年1月13日朝刊／奈良
2 オックスフォード出版局『オックスフォード辞典』「2013年　今年の言葉」は次の資料を参照。http://blog.oxforddictionaries.com/press-releases/oxford-dictionaries-word-of-the-year-2013/（2015年3月15日閲覧）
3 なかには、手元でシャッターは切れず、セルフタイマーをつかって撮影するものもある。「セルカ棒」などともよばれる。
4 たとえば「世界の雑記帳：米スミソニアン協会、美術館での「自撮り棒」使用を禁止」、『毎日新聞』2015年3月4日。http://mainichi.jp/feature/news/p20150304reu00m030002000c.html（2015年3月14日閲覧）
5 『TIME』ウェブサイト"The 25 Best Inventions of 2014"より。http://time.com/3594971/the-25-best-inventions-of-2014/（2015年3月15日閲覧）
6 「Selfie」『オックスフォード辞典』。訳は筆者。http://www.oxforddictionaries.com/definition/english/selfie（2015年4月11日閲覧）。
7 「プリクラ」という呼称はアトラス社の「プリント倶楽部」に由来している。
8 栗田宣義「プリクラ・コミュニケーション――写真シール交換の計量社会学的分析」、『マスコミュニケーション研究』No.55、1999：131。
9 もちろん背景には、携帯電話・スマートフォンの普及や、カメラに通信機能やセルフ撮影機能がついたことなど、メディアの状況が大きく変容していることもある。

⑬ 街中にあふれる記号を読む
広告・サイン・貼り紙

🔊 **解説**

1. コミュニケーションメディアとしての街

　駅で電車をおりて出口を確かめ、改札を出てお店の看板を見ながら目的地に向かって歩く、そうした場面は誰にでも日常的にあることでしょう。私たちは目的地をめざして歩くとき、頭のなかに俯瞰図を描きつつも、地上の視点から見える建造物やサインなどを手がかりとして、自分が今いる場所を把握しながら街のなかを歩いていきます。その間に視界をつぎつぎと横切るのは、駅に貼られた大判のポスター、電車の乗り換えを案内するサイン、さまざまな広告を表示するデジタルサイネージ[1]、周辺地域を案内するための地図、街頭の巨大なモニタ、季節感を先取りするショーウィンドウなど。商業的なものもあればそうでないものもあり、直接的なものもあれば遠まわしなものもあり、絶えず何かのメッセージが私たちによびかけてきます。あらためてこうした風景をながめると、街そのものがコミュニケーションメディアだということに気づかされます。この章では、コミュニケーションメディアとしての街という切り口で、広告、サイン、貼り紙について見てみることにします。

図13.1. 広告などのさまざまなメッセージがあふれる街の風景。(新宿駅周辺にて筆者撮影、2015年)

2. 風景に溶けこんだ広告

　広告というと、ふつう私たちはまず雑誌や新聞広告、ポスター、テレビCM

などを思い浮かべることでしょう。しかし、そうした決まった判型や秒数に収められたものだけが広告かというと、そうとは限りません。たとえば屋外に設置されるネオンサインや大型の看板広告は、すでに大正時代から日本の繁華街の風景を特徴づけてきましたし、今ではビルの壁面そのものにグラフィックを配する広告手法や、電車やバスの車輌全体に広告を印刷したフィルムを貼りつけたラッピング広告などを目にすることもあります。小さなものでは、電車のつり革やエスカレータの手すり、階段の垂直面など、少しでもまとまった面積があるところには広告が入りこんでいることに気づいている人も多いことでしょう。これらの広告は、街を歩く私たちの視線を捉え、消費の意欲を促すメッセージを送ってきます。さらには、道ですれ違った人が着ていたTシャツのロゴマークや、電車で隣に座った人がもっているショップバッグなども、当人にはそのつもりがなくてもブランドを示す広告として機能していたかもしれません。

　とくに東京の風景がこうした広告にあふれている状況は、社会学者の北田暁大によると、1970-80年代に西武百貨店とパルコが試みた手法が、80年代にさまざまな形で応用されたことで生まれたものでした。その手法とは、広告の都市化だということができます。北田は、「パルコ、東急による渋谷展開（広告＝都市化）は、「都市に広告を出す」旧来の屋外広告の方法と異なり、「都市を広告にする」という新たな都市と広告とのかかわりを作り出す試みであったことに注目しよう」と述べています（北田2011：67）。そこでは、文化的な記号にあふれた都市空間が舞台のように完結し、通行する人びとはそのメッセージを受容するだけでなく、みな広告の登場人物になってしまうのです。商品が提供する機能ではなく、広告によって生みだされたイメージの差異が記号的に消費されていく社会、それが日本の80年代だったといえます。商品の使用価値よりも記号的な価値が消費されていく状況は、20世紀のアメリカを中心に広がってきましたが、それがピークを迎えたということもできます。ただし、日本のこうした特異な状況は、1990年代に入って解体していきました。現在、電車や街のなかでもつねにスマートフォンなどをつかって外部と接続し、位置情報のデータから商業的なサービスを利用することも当然のメディア環境にある私たちから見ると、1980年代の広告都市はむしろ奇異なものとして映るのかもしれません。

3. ピクトグラムという共通言語

　街中で見られる視覚的なメッセージは、すべてが広告とは限りません。私たちが街を歩くときに目にする機会が多いものには、公共サインとよばれる看板類もあります。駅や空港、博物館や美術館、デパートやホテルなど、商業施設や公共施設で、利用者に情報を提供し、その施設を案内するために設置されている看板を公共サインとよびます。サインには、離れた位置にある対象への方向や経路を示す「誘導サイン」、その場の名称や存在を示す「記名サイン」、施設内のフロア図や周辺の情報などを案内する「案内サイン」、施設内での安全や秩序を守るための行動を指示する「禁止サイン」などがあります。サインはたいてい、ひとつ、または複数の関連する施設のなかで視覚的な統一感をもつようにデザインされており、そうした一連のデザインをサインシステムとよぶこともあります。

　体系的にデザインされたサインシステムは、1964年の東京オリンピックのさいに、世界各国からの来訪者が混乱なく施設を利用できるように制作されたことから始まりました。文字で表示されたものが読めない来訪者がいたとしても、ピクトグラムとよばれる図記号をつかったサインがあれば、直感的に理解することができる可能性が高まります。国内では同時期に、空港や駅のサインシステムも整備されました。また、こうした図記号をつかった視覚的なコミュニケーションデザインの方法は1970年の日本万国博覧会などにその考え方が引き継がれていっただけでなく、1968年のメキシコオリンピックや1972年のミュンヘンオリンピックのサインデザインにも影響を与えました。

　その後、とくに安全に関わる重要なサインや使用頻度が高いサインは、標準化されていきます。施設ごとにそのつど思い思いにデザインするよりも、標準化をはかってどこでも同じ図案を使用することで、より直感的に理解しやすくなるからです。2001年に

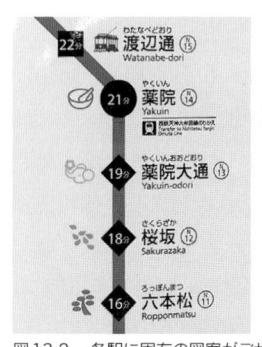

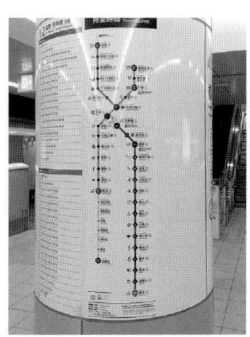

図13.2.　各駅に固有の図案がデザインされている案内サイン。(地下鉄博多駅にて筆者撮影、2014年)

は、公共施設や交通施設などでよくつかわれる案内のためのピクトグラムや、禁止や注意を表わすピクトグラムなど、125項目の「標準案内用図記号」が策定されました[2]。さらに、そのうち推奨度の高い110項目が2002年にJIS規格に制定されました[3]。こうして、私たちが非常口のマークとしてよく目にする緑色のサインや、駅のホームなどで見かける緊急ボタンのサイン、危険を示す黄色い三角形のサインなどでは、どこでも同じピクトグラムが使用されるようになったわけです。

一方で、利用者の安全に関わる可能性の低いピクトグラムは、施設の用途にあわせてデザインされている場合もあります。たとえば子どもにも親しみやすい色づかいや図案を採用した動物園のサインや、文化的な雰囲気を漂わせた美術館のサインのデザインなどがその例です。各施設のサインがどのような意図でデザインされているのかを比べてみることも、サインの見方としては興味深いものです。

4. 書かれていないメッセージを読む

最後に、広告でも公共サインでもないメッセージ、貼り紙についても少しだけ興味を向けてみましょう。

江戸時代の句集『誹風柳多留』のなかに、「通り抜け無用で通り抜けが知れ」という句があります[4]。これは、「ここを通り抜けることは禁止」という看板を立てたことで、かえってそこに近道があることを伝えてしまった、という失敗をユーモラスに描いた句です。現代でも、街を歩いていると、広告やサインの隙間を埋めるように、さまざまな貼り紙に出会うことがあります。パソコンとプリンタで作成されたものもあれば手書きのものもあり、色にも形にも決まりがあるわけではなく、自由なフォーマットで作成されています。「ここに自転車をとめないでください」「これはゴミ箱ではありません」「出入口をふさがないでください」「入口は反

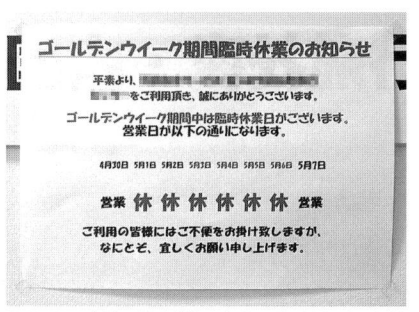

図13.3. 店舗の臨時休業を伝える貼り紙。（JR浜松町駅にて筆者撮影、2013年）

対側です」など、ちょっとした注意から切実に困っていることをうかがわせるものまで、そのメッセージをひとつひとつ見ていると、たかが紙1枚にすぎないものの、内容は多様で多弁です。これらのメッセージは多くの場合統一感もなく、商業的でも公共のものでもないため、取るに足りないものだと思って見過ごしがちですが、むしろこういうところから生活者のふるまいや、コミュニケーションのほころびが見えてくることもあります。そこに書かれている内容から、なぜそれがそこに貼られたのかを想像すると、街とは生活者によって日々更新されていく場なのだとあらためて感じずにはいられません。

　この章では、広告、サイン、貼り紙というばらばらな3つを見てきました。それぞれが発するメッセージをそのまま受けとるだけでなく、それらが個々に意図するものと全体性とを往復しながら読み解くことが、街をコミュニケーションメディアとして理解することにつながるのではないでしょうか。

学びのポイント

　広告は、かつては「商業美術」ともよばれ、純粋芸術よりも一段低い表現物と見なされることがある一方で、20世紀後半の経済成長とともに作品としての側面も強調されてきた奇妙なメディアです。私たちは消費者として、情報の受け手として、さらに鑑賞者として、無意識のうちに複層的に広告をながめています。加えて、街中で目にするメッセージは、広告だけとは限りません。公共サインや、一種の限界芸術でもある貼り紙がその例です。これらは全体のバランスを考慮して発信されているわけではなく、相互に影響を与えあいながら毎日のように更新されていくことで自律的に共存しています。

[宮田雅子]

1　デジタル技術をもちいた広告媒体。屋外・店頭・公共施設などに、液晶ディスプレイやプロジェクターを設置して、広告や施設案内などを表示するもの。
2　交通エコロジー・モビリティ財団「標準案内用図記号」http://www.ecomo.or.jp/barrierfree/pictogram/picto_top.html（2015年6月18日閲覧）
3　非常口を示すピクトグラムは、消防庁告示「誘導灯及び誘導標識の基準」に規定されているため、JIS規格化された110項目には含まれていない。
4　江戸時代に刊行されていた川柳（俳句と同じく五・七・五の形式だが、口語を用いて人生の機微や世相などをこっけいに描写する短詩）の句集。

14 メディアとしての空間
展示を読み解く

■)) 解説

1. 展示空間を考える

　メディアとは、マスメディアやソーシャルメディアばかりをさすのではありません。私たちはあらゆるものを、コミュニケーションを媒介させるメディアとして機能させながら、日々の生活を送っています。この章では、「空間」というメディアについて考えながら、メディアという概念をもう少し広げていきましょう。

　もちろん、マスメディアにも、ソーシャルメディアにも、空間的な要素は多分に含まれています。たとえば、ソーシャルメディアとは、具体的にはネット上の空間でのやりとりを意味します。それは、私たちがふだん生活している物理的な空間とは異なり、世界中のどこにいてもつながれるようなコミュニケーションが生起している空間です。そこには身体は介在しませんが、言葉や金銭をはじめとするさまざまな情報が流通しています。

　しかし、ここで扱うのはもっと物理的な空間です。しかも、空間を駆使して情報を伝達しようとするような類のメディアです。その最たるものが、「展示」というメディアです。

　展示といえば、博物館や美術館などをすぐに思い浮かべるでしょう。たとえば、図14.1.を見てみましょう。これは高知県にある横山隆一記念まんが館の展示室のようすですが、実にさまざまなものが陳列されています。立体的なジオラマ、額縁に入った写真、やはり額縁に入った原画、解説パネル、写真パネルなど、多

図14.1. 横山隆一記念まんが館の展示室のようす。

様な資料を併置することで、空間を利用した展示が行われているのがわかります。

図14.2.を見ると、こんどは実物（多くの場合歴史的価値を有する）の存在感が大きいのがわかります。これはサンクトペテルブルクにあるロシア民族学博物館の展示で、19世紀から20世紀初頭にかけてロシアの農家でつかわれていた道具類がならんでいます。そのすぐ横には道具の名称と説明が書かれたパネルと、実際に道具をつかっているようすが映った写真があります。ここでは、実際の道具（一次資料）と、それが映る写真や解説パネル（二次資料）は、たがいに補完しあいながら、展示を見る人にその意味を伝達します。

図14.2. ロシア民族学博物館の展示。

このように、それぞれの資料が補完しあい、組み合わさりながら、ひとつのメッセージをつくりあげ、そうした複数の展示が、博物館の「物語」を編みあげます。そのほか、レプリカ（複製品）によってすでに存在しないものを復元したり、端末を置いて、パネルでは収まりきらない情報をコンパクトに提示したり、スクリーンで復元映像や解説を加えたり、もっと大きなジオラマをつくって、たとえば家や空間自体を再現したりすることもあります。

つまり、博物館においては、さまざまな形態の直接資料、間接資料、あるいは実物と複製品がつかわれており、それらが展示を構成していることがわかります。資料の種類の多さという点では、他のメディアと比較になりません。

さて、ここでは展示そのものがメディアとして機能していますが、じつはその展示を構成しているひとつひとつの資料もまた、情報を保有するメディアであることがわかります。そして、展示とはそのような情報を有する複数の資料＝メディアを複合的に空間に配置することで、なんらかのメッセージを発する「空間メディア」なのです。

さらに、そこには資料や展示などのメディアを介した送り手と受け手という基本的な構図があることがわかります。ここではスチュアート・ホールの「エ

ンコーディング・デコーディング」を用いて[1]、展示を介したコミュニケーションを理解してみましょう。図14.3.を見てください。コード化（エンコード）された博物館側のメッセージは、資料や展示というメディアを介して来館者へ伝えられ、来館者はそれを読み解きます（デコードします）。

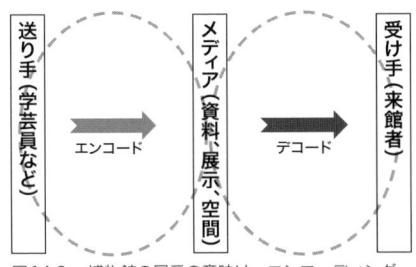

図14.3. 博物館の展示の意味は、エンコーディング・デコーディングの2つのプロセスを経て生成される。

ちなみに、「展示」の反意語は「羅列」です[2]。ここからも、展示とはあくまで送り手（ここでは学芸員や博物館スタッフ）によってある意図のもとに構成されていることが基本にあることがわかります。もちろん、この展示は受け手が読み解いたときに初めて意味をもつことはいうまでもありません。また、その読みかたはひとつではありません。

2. 展示の政治学——博物館

ところで、ここでもうひとつ押さえておかなくてはいけないのが、展示の「政治性」についてです。あらゆるマスメディアの情報がそうであるように、展示という空間メディアも、けっして「中立」ということはありえません。多かれ少なかれ、誰かの視点で構成されたものであることは、同じです。

そのもっともわかりやすい例は、有名な原爆展論争でしょう。原爆展論争とは、1995年にアメリカのスミソニアン国立航空宇宙博物館が企画した展覧会が、空軍協会や退役軍人らの圧力によって中止に追い込まれた事件のことです。原爆を投下したエノラ・ゲイを公開するにあたり、スミソニアンが広島・長崎の被爆実態をとりあげるコーナーを企画に盛り込んだことが、原爆によって終戦と世界平和がもたらされたと信じる退役軍人やアメリカ国民の認識を大きく裏切るものとなったからです。展示案は、彼らの激しい怒りと反発を買いました。

初期のフロアプランを見ると、エノラ・ゲイを展示したあとに、広島・長崎の展示があります（図14.4.）。ここに、広島・長崎の被爆実態を伝える展示があることを想像してみてください（もちろん、それはどんな資料の組み合わせ

で成り立つのかも考えてみてください)。エノラ・ゲイの横に、広島・長崎の被爆実態を伝える解説や写真、あるいは被爆品があるかないかは、展示全体の意味や意図を根本的に変化させてしまいます。くりかえせば、展示とは、明確なメッセージをもつメディアであり、その内容は展示の構成によって変化するのです。

　このように展示の政治性について自覚的になることは、メディアリテラシーの涵養において不可欠です。

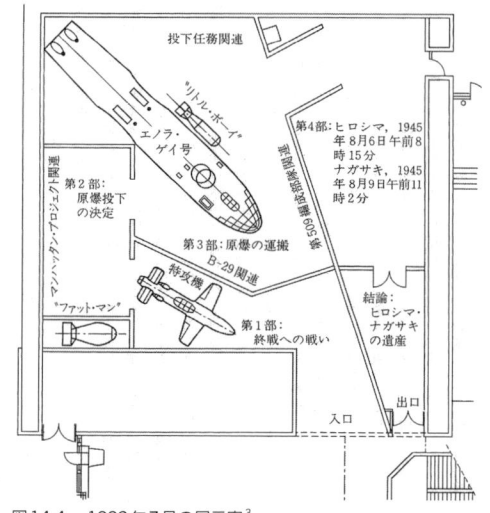

図14.4.　1993年7月の展示案[3]。

3. 国家と展示装置——博覧会

　ここまで読んで、展示といえば博物館や美術館というイメージがさらに強まったかもしれません。しかし、「展示」は私たちの生活のあちこちに存在しています。

　「展示」を英語に訳すと、displayまたは、exhibitになります。Display（ディスプレイ）を辞書で引いてみると、「陳列、展示、装飾」のほかにも「発揮、露呈、表明」「誇示」という意味が出てきます。つまり、このような作用を果たしていれば、それは展示であるといえます。その意味で、展示というメディアは、私たち人間の文明と同じくらい長いあいだ存在してきたともいえます。

　しかし、モノを空間に構成して配置することで何かしらの政治的なメッセージを打ち出すような手法がひとつの完成形を見るのは、やはり19世紀といえるでしょう。この時期、ヨーロッパでは「万国博覧会」が数多く開催されるようになりました（博物館がつぎつぎに誕生したのもこの時期です）。ここで、展示空間がとくに国家的な権力を「誇示」する装置として明確に機能するよう

になっていきます（図14.5.）。

　国家の威信をかけた華やかな祭典は、吉見俊哉の言葉でいえば「帝国主義の巨大なディスプレイ装置」でした（吉見1992：180）。「装置」とは、あるメッセージを伝播することを目的としてしつらえらえたしくみ（空間や制度）をさし、哲学者のミシェル・フーコーが枠づけた概念です。つまり、博覧会は当時ヨーロッパが植民地から吸収した富を目に見える形で提示する空間であり、自国の富と技術とを内外に知らしめることを目的として何度も開催されました。近代国家をめざした日本も、もちろん欧米の型を踏襲し、博覧会を開催するようになります。

図14.5.　1851年のロンドン万博の会場[4]。

　このように、博覧会という空間は、博物館よりもさらに直接的・直感的にさまざまなメッセージを発信させようとする装置であるといえるでしょう。万国博覧会の全盛期は20世紀ですが、博覧会という催し自体は今でもさまざまな規模で開かれています。

4. 身近な展示空間——デパート

　さいごに、博覧会や博物館と同じ時期に発達した「展示」で、現在ディスプレイとしてもっとも洗練されている百貨店（デパート）やショッピングセンターに言及しておきましょう。これらの空間ほど、見るものにその品揃えや質の良さを「誇示」しようと「装飾」している空間はありません。そこにはどのような空間配置や工夫が見られるでしょうか。

　たとえば、1階の化粧品コーナーでは、さまざまな化粧品がならんでいるだけではありません。その空間の壁や床などのデザインや色づかい、散りばめられたブランドのロゴ、そしてそこにいる店員＝人間も、空間のディスプレイの一部なのです。彼らは、ブランド・イメージを損なわないように服装から髪型から化粧までに気を遣っています。そして、じつはそこで化粧をしてもらうために腰かけたあなた自身も、展示の一部なのです！

このほかにも、ショーウィンドウ（まさにウィンドウ・ディスプレイです）、PRセンター、神社の飾りなど、私たちの街中にはさまざまな展示があります。「展示」という空間メディアに意識をめぐらせてみると、じつはマスメディアと同じくらい私たちの日常に深く関わっているだけでなく、マスメディア以上にあちこちに遍在し、私たちの思考に影響を与えていることがわかります。

こうした空間のメディア性について、日頃からしっかりと考えましょう。

▶ 学びのポイント

日頃から身近な展示を探してみましょう。また、地元の博物館や美術館にも出かけてみましょう。展示の複合性が高い博物館か、展示の政治性の強い博物館を選ぶと、そのメディア性に気がつきやすいでしょう。前者でいえば、歴史博物館や民俗博物館、民族学博物館などさまざまな資料を駆使している博物館、後者でいえば、科学博物館や、美術館などに加え、期間限定で開催される話題の企画展などにも注目してみてください。そのうえで、第Ⅰ部で見た身近なメディアとの共通点や相違点についても考えてみましょう。

[村田麻里子]

1　Hall, Stuart, 'Encoding/decoding', *Culture, Media, Language: Working Papers in Cultural Studies1972-79*, Centre for Contemporary Cultural Studies (ed), *Hutchinson*, [1973] 1980.
2　加藤有次他『新版 博物館学講座 博物館展示法』雄山閣出版、2000年、p.32。
3　油井大三郎『なぜ戦争観は衝突するか――日本とアメリカ』岩波書店、2007年、p.262。
4　吉田光邦編『図説 万国博覧会史1851-1942』思文閣出版、1985年、p.52。

15 複製される空間と行為
コンビニを読み解く

🔊 解説

1. もっとも日常的な空間としてのコンビニ

　この章では、ぼくたちにとってもっとも身近でもっとも日常的な空間について考えてみます。自宅のようなごく私的な空間を除けば、その代表例のひとつは間違いなくコンビニエンスストア（いわゆるコンビニ）であるでしょう。

　ぼくはよくコンビニを利用します。あなたもきっとそうでしょう。もしかしたらぼく以上に、かもしれません。その名のとおりなにしろ便利だし。おにぎりやお弁当、飲み物を売っている。日用品もひととおり揃っている。ATMでお金を引き出すこともできれば、税金や公共料金を支払うこともできる。インターネットで注文していた本やDVDを受けとったり、コンサートのチケットを発券したり、コピーをとったり、デジカメの写真をプリントアウトすることもできる。トイレを借りたあと、おやつに温かいコーヒーとドーナツを買って帰ることもできる。宅配便の発送受領もできれば、住民票の取次などの行政関連のサービスも受けられる。およそ現代の日常生活を営むのに必要な多種多様な商品とサービスで、コンビニが提供していないものはないというくらいの充実ぶり。しかも多くが24時間営業です。コンビニはもはやひとつの社会基盤（インフラストラクチャー）だといわれるゆえんであり、じじつ現代社会における消費の現場を形づくるうえで不可欠の役割を果たしています。消費行動が日常生活のなかで大きな比重を占めることを考えあわせると、コンビニの重要性はきわめて高いといえます。

　政府統計による日本標準産業分類では、コンビニをつぎのように規定しています。「主として飲食料品を中心とした各種最寄り品をセルフサービス方式で小売する事業所で、店舗規模が小さく、終日又は長時間営業を行う事業所」。

　もともとはアメリカ合衆国で発達した業態であり、日本には1970年代に移

入されました。最初の開店は1971年、北海道を中心に展開するセイコーマートの1号店です。現在の最大手セブンイレブンの1号店は1975年に開店しました。その後日本の社会事情に即して独自の発達を遂げ、2015年2月現在の総店舗数は、日本全国で5万2000店以上に膨れあがっています[1]。総務省統計局の人口推計によれば、2015年3月1日現在の日本の人口は1億2691万人ですから[2]、ほぼ2440人に1店舗という割合で普及していることになります。

2. 二重のネットワーク

　それほどまでに身近で日常に溶け込んでいるコンビニとは、どんな空間なのでしょうか。まず店舗の前に立って、観察してみましょう。セブンイレブンであれローソンであれポプラであれ、どこもだいたい同じ姿をしていることに気づくはずです。同じような立地、同じような外観、同じような規模、入店すれば同じような内装が目に入ります。商品構成も、細かく見ればそれぞれに違いがあるとはいえ、大きく見ればだいたい同じ。コンビニの店舗は、まるでトヨタ自動車の生産ラインから毎日千台単位で吐きだされるプリウスのように、何から何まで徹底的に規格化・画一化された複製的な量産品なのです。

　そのことはコンビニの特徴を端的に表しています。コンビニが昔ながらの小売店と決定的に異なるのは、それが巨大なネットワークの網の目のなかのひとつの結び目であるということです。どこにも属さない独立した1店舗だけのコンビニ、というものはない。コンビニの運営形態はフランチャイズ方式を中心としたチェーンストア形式であり、本部の下で画一化された店舗を鎖（チェーン）で相互に連結してゆくようにネットワークを形成しているのです。

　ネットワークという言葉は、コンビニにとって、たんなる比喩表現ではありません。各店舗は実際に、電子情報と物流の両面から高度にネットワーク化されているからです。店に入れば、すぐにわかります。入口の脇のレジカウンターに、キャッシュレジスター（正しくは後述するようにPOSレジスター）が置いてあるはずです。会計時にこの装置で商品に貼付されたバーコードをひとつずつ読みとることにより、どの商品が、いつ、どこで、いくつ買われたかといった情報がすべて電子的に登録され、管理することを可能にしています。これをPOS（Point of Sale: 販売時点情報管理）システムとよびます。さらに店

員によって、購入者の属性（性別、年齢など）も登録されます。近年はどのコンビニチェーンもポイントカード利用に力を入れていますが、それは、POSによる販売データと購入者の詳細な属性をきめ細かく結びつけたデータ（ビッグデータなどともよばれる）の収集を目的としたものです。そのデータをもとに、より精度の高いマーケティングを展開しようとしているのです。

POSシステムによってリアルタイムに在庫・売上状況を把握できるのと連動して、もうひとつのネットワークである物流システムが作動しています。それは、種々の商品をいったん共同配送センターへ集積したのち、データにもとづいて各店舗向けに小分けにして定時に配送するシステムです。コンビニの店舗にとってこのしくみは、余剰在庫を抱えるリスクをとらずに済むというメリットがある反面、このシステムに全面的に依存せざるをえないという二面性をもっています。

3．セルフサービスと動線管理

したがって、コンビニに出かけてゆくこととは、たんに買物に行くだけでなく、情報と物流の二重に張りめぐらされた複雑かつ精密なネットワークの網の目のなかに、みずからの身体を投げ込むことでもあるのです。そして、はっきりそれと自覚することがないまま、自分の履歴や嗜好をデータとして差しだすことでもある。自己の存在が電子データに解体され、マーケティングの論理でもって再構成される、といっても過言ではありません（長谷川2009）。コンビニの圧倒的な便利（コンビニエンス）さは、なにも親切心から提供されているわけではないのです。

コンビニが採用しているのは、先に紹介した日本標準産業分類の規定にあるとおり、セルフサービスとよばれる販売方式です。20世紀前葉のアメリカに生まれたこの販売方式では、販売員に頼んで商品をとってもらう対面販売方式とは異なり、客がみずから店内を自由に動きまわり、気に入った商品を棚から直接手にとって、最後にまとめてレジで精算する――ということは、みなさんよくご存じでしょう。好きなものを好きなだけ、他人に気兼ねすることなく手にとることができるという、まさに選りどり見どりの自由な愉しさが、客にとっての大きな利点と考えられてきました。

そうであるのなら、入店後の客の行動もよく観察しなければなりません。彼

らはまず、トイレに行く、飲み物を買うなど、それぞれの用事を足しに向かうでしょう。それから店内を歩き、途中いくつかの商品を手にとってレジで会計を済ませ、最後にまた入店時と同じ出入口から出ていきます。来店の目的は人によって違うはずですが、店内での客の動きにとくに大きな混乱は見られない。よく観察してみると、店内での客の移動の仕方は、だいたい一定のパターンに収まっていることに気づかされます。不思議ではありませんか？　とりたてて誰かが指示したわけでもないというのに。

　物理的な空間のなかを人が移動する経路のことを「動線」とよびます。動線の管理は空間設計における重要な要素のひとつです。駅やミュージアムのような公共空間では、「順路」と示された札などによって、来場者はその動きをはっきりと指示されることが多い（第13, 14章も参照）。それでも来場者の流れを望みどおりに制御するのは至難の業です。だがコンビニでは違う。目に見える指示など何も示されていないにもかかわらず、客の動きはおおむね制御されているように見えます。それは、店舗レイアウト、つまり商品棚や通路の配置を工夫することによって動線を管理しているからです。コンビニのつくりが、店の内外とも、店員が浮かべる笑顔と同じように画一的である理由のひとつは、もっとも効果的に商品を配置すると同時に、もっとも効率よく客の動きを制御することにあるのです（第6章のアーキテクチャも参照）。

4．自由と不自由、愉しさと支配——店舗レイアウト

　なぜ客の動きを制御しようとするのかといえば、客が支払う金額の多寡は、買物に費やされる時間というより、店内を歩く距離に依存するという考え方（というか信念）に則っているからです。具体的には2点に集約されます。客に長い距離を歩かせることと、商品の陳列の仕方でもって客を誘導することです。

　入店した客に可能なかぎり長い距離を歩かせるためには、まず最奥に引き入れればいい。入店した客の多くがまず最初に向かうのは、トイレや飲み物売場といわれています。そのどちらも、決まって店内のもっとも奥、つまり入口からいちばん遠い場所に設置されているはずです。

　入口から店舗最奥までは、途中に複数の商品棚が並列することでできた複数の通路によってつながれています。太い通路がドーンと一本だけ最短経路で用

意されていない理由は、もう説明するまでもありませんね。店内最奥に引き込まれた客は、最初の用事を済ませたあと、通路を歩いて商品棚をながめながら、レジまで戻ってくることになります。棚には、たとえば清涼飲料の横に酒類が置かれ、その横におつまみ、お総菜、お弁当、おにぎり、インスタント味噌汁などといったように、商品が相互にうまく関連づけられながら連なって陳列されています。それによって客の動きを誘導し、できるだけ長い距離を歩かせ、ひとつでも多くの商品を買わせようとしているのです。

　什器や商品それ自体が「たくさん買って！」などと叫ぶわけでは当然ありません。けれど、それらがしかるべき仕方でもってレイアウトされると、その配置そのものが、客の意識下や身体に直接働きかけてくるのです。こうしたやり方は、コンビニだけでなく、スーパーマーケットやドラッグストアなど、現代の消費の現場に広く共通して見られるものです。

　自由に店内を動きまわり、自由に商品を手にとることができるセルフサービス方式の愉しさとは、店舗レイアウトによる、それとはっきり意識されないレベルでの制御や支配という不自由さと背中合わせだといえます（長谷川 2009）。不自由だけを切り捨て、自由だけを享受するというような都合のいい選択肢は、端から選びようがありません。だからぼくたちは、消費という今日の社会におけるもっとも日常的な行為を、自由と不自由、愉しさと支配とがせめぎあう両義性に満ちた場として捉えなおしてゆく必要があるでしょう。

▶ 学びのポイント

　実際に店舗に出向いて観察することが肝要です。店内の見取図を描き、客の行動パターンを書きだすとよいでしょう。できれば複数の店舗について。総務省や業界団体の統計調査などは、インターネットでもある程度は調べられます。

[長谷川一]

1　「JFAコンビニエンスストア統計調査月報2015年2月度」一般社団法人日本フランチャイズチェーン協会、2015年3月20日、http://www.jfa-fc.or.jp/folder/1/img/20150320115454.pdf（2015年6月18日閲覧）
2　「人口推計平成27年3月報」総務省統計局、2015年3月20日、http://www.stat.go.jp/data/jinsui/pdf/201503.pdf（2015年6月18日閲覧）

16 イメージの帝国
ディズニーランドを読み解く

🔊 解説

1. 非日常としての「夢と魔法の王国」

　東京ディズニーリゾートの入園者数は、1983年に東京ディズニーランドが開園して以来、おおむね右肩あがりに増加しています。1990年代には多少横ばいの時期がありましたが、東京ディズニーシーの開設された2001年以降には激増します。東京ディズニーランド開園30周年のキャンペーンをうった2013年度はこの記録をさらに更新し、3130万人に達しました[1]。

　ぼくのまわりを見ても、ディズニーランドやシーに一度も行ったことのないという人は、ほとんどいません（うちの奥さんくらいか）。学生のなかにはいわゆる年パス（一年間有効の入場回数無制限のパスポート）をもっている人もいて、年100回も舞浜に行くのだとか。なんと3日に一度のペースです。

　彼らは異口同音に言います。なぜディズニーに行くかといえば、愉しいから。なぜ愉しいかといえば、非日常がそこにあるから、と。なるほど、学校や職場では誰も「今日も素敵ですね、プリンセス」なんて声をかけてはくれません。ディズニーランド自身も「夢と魔法の王国」を自称し、みずからの非日常性を強調しています。ぼくなどそう言われるたびに、なんだか「どうせ日常に戻れば、おまえには夢なんか（魔法はともかく）ありはしないんだろ？」と慇懃無礼に値踏みされているような気がしてきたりもするわけですが、それはきっと、ぼくがあんまり素直じゃないからでしょう。

2. イメージの帝国とシミュラークル

　その非日常的な「夢と魔法の王国」とは、じつは「イメージの帝国」でもある。これまでの研究はくりかえし、そう指摘してきました。ようするに、「夢と魔法」など所詮見せかけにすぎず、そこで感じられる「愉しさ」も見せ金で

しかない。ディズニーランドという空間は、イメージの圧倒的な統制力でもって来場者を制圧し、支配する装置である、ということです。

　ディズニーランドにはイメージが氾濫しています。というより、イメージだけから成り立っている。だからその空間は、森や野や海や川や、人びとが日々の生活を営む街や村といったような、なんらかの実体性を帯びた空間とはまるで異なる性質をもっています。ふつうの意味でいうリアリティというものが、ディズニーランドからは完全に抜け落ちているのです。むしろ、最初からリアリティという概念自体が存在しない世界というべきかもしれません。シンデレラ城も、ミッキーマウスやミニーマウスも、アトラクション乗り場で客の整理をしているキャスト（係員）たちも、何もかもがみな、与えられた設定のなかで演技しているだけの「ごっこ」にすぎない。建物もキャラクターも人間も、物理的には実在しているはずなのに、存在としてはけっして実在することのないニセモノです。ディズニーランドという空間がもつ最大の特徴とは、虚構性なのです。それも徹底的な。

　徹底した虚構性とは、ハリボテのようなものです。ハリボテって、外見だけはそれらしいけれど、中身は最初から空っぽです。同じように、徹底した虚構性とは、意味内容を最初からもっていない記号、ということなのです。

　記号はふつう、現実世界のなかにあるもの（物質や現象だけでなく概念やイデオロギーなど抽象的なものも含む）と結びつくことで、意味を表す働きをします。たとえば、「桜の花」という言葉や絵は、それがさまざまなものと結びつくことによって記号として作用し、「春」「入学」「出会い」「卒業」「別れ」「日本的なもの」などといった多様な意味を表します。

　ところが、ディズニーランドの空間を満たしている記号は、そうした現実世界との対応関係を最初から欠いています。ディズニー映画のおとぎ話をあえて実体化しているのだから、当然といえば当然でしょう。シンデレラ城はあくまで、おとぎ話のなかに登場する「いかにもそれらしいイメージとしてのお城」を具現したものにすぎません。実際の城とはなんの関係もない。ヨーロッパに実在する古城の表層から、それらしいところだけをコピー＆ペーストしてでっちあげたような、きれいかもしれないけれど同時にグロテスクでもあるような、見方によっては奇怪な外観をしています。しかも映画セットのようなハリ

ボテですから、外装はあるのに、内部は存在しない（いちおう小部屋があったりはしますが）。そこにあるのはイメージだけ。意味というものは端から介在していません。

このように、実在との対応関係を最初から失ったまま、ただやりとりされるだけの記号のことを「シミュラークル」といいます。

3. 外部をもたない自己完結した空間

シミュラークルという概念を唱えたボードリヤールによれば、ディズニーランドは、実在する現実世界の日常に対置される非日常、ではありません（ボードリヤール 1981=1984）。そうではなく、ぼくたちの生きる社会それ自体がすでに虚構化していることを端的に示すような存在なのです。ディズニーランドの空間的特徴は、現代社会のあり方に対応しているということです。

たしかに、シミュラークル的なものを日常世界に見つけることは難しくありません。たとえば、ショッピングモールやガソリンスタンドやファストフード店が立ちならぶバイパス沿いのロードサイドや、同じような区画に同じような住宅やマンションが整然とならんだニュータウンなどが典型です。そのように人工的に造成された郊外的な日常の風景が、ニセモノ的でハリボテ的で虚構性に満ちているのはなぜかといえば、地域性や歴史性が根こそぎ拭い去られているからです。どこも同じような風景でありながら、どこでもない場所になっているのです。そうした没場所性や脱時間性は、ポストモダンとよばれる今日の空間の大きな特徴だといえます。

それは、ディズニーランドのもうひとつの空間的特徴、すなわち外部をもたない自己完結性と結びついています。ふつう空間というものは、壁などの境界によって内と外を区別すると同時に、窓や扉などを介して外部と一定のつながりをもっています。そもそも内という意識は、向こう側に外があることを前提しなければ成り立ちません。ところが、ディズニーランドは違う。来場者の視線は、つねに内部に向かうよう徹底的に管理されているのです。

地図を見れば明らかなように、ディズニーランドは、中心であるシンデレラ城をそれぞれに主題をもったいくつかの「世界」が取り囲み、アトラクションなどが配置されています。外周は、植え込みや人工風景、園内施設の建物の壁

などによってがっちりと囲われており、外部へ抜けようとする視線をことごとく遮ります。東京ディズニーランドホテルの長大な建物など、園内各所で遠くに視線を向けるとほぼ必ず視界に入ります。ほとんど衝立(ついたて)として機能させるために建設したのではなかろうかと勘ぐりたくなるほどです[2]。

こうして、来場者の視線はつねにパーク内部にばかり向かうことになります。つまり、ひたすら自己言及をくりかえしてゆくのです。外部をながめたり、内部と比較したりすることはおろか、まるで外部など最初から存在しないかのような感覚をもたらし、今ここにある世界がすべてであるというふうに自己に閉塞してゆくわけです。

4. 参加体験型の映画としてのディズニーランド

外部へ視線が抜けることを禁じた自己完結的な空間とは、ちょうど上映のために照明が落とされた映画館の暗闇のようなものだといえます。そして実際そのとおり、ディズニーランドは映画なのです。それも、並の映画ではない。いわば三次元化された、参加体験型の映画なのです。

1955年に世界で最初のディズニーランドをつくったウォルト・ディズニーは、長年アニメーション映画を手がけてきたアニメーターであり、映画監督であり、制作者であり、スタジオ経営者でした。視覚と聴覚に訴える映画に対し、彼はディズニーランドを、五感のすべてに訴えかけてコントロールする強力な媒体として構想しました。映画というメディアがもつイメージによる統制力を三次元空間に応用したのがディズニーランドだった、というわけです。

そのためには、二次元の画面をながめるだけの映画観客を、三次元空間の参加者に仕立てあげることが不可欠です。ところがここで、現実の三次元空間のなかでいかにして映画のような完璧な演技と正確な反復性を実現するかという問題に直面します。ディズニーランドの特徴はその劇場性にあるとよく語られますが、ウォルトにとって、演劇が避けがたく含む偶然性は回避されるべき深刻なリスクでした。そこで彼は、園内全体を徹底的に機械じかけにすることで、この問題を解決しようとします。典型例が、遊戯機械としてのアトラクションです。これは、多数の機械が協調して作動することで特定のふるまいを実現する、高度に統合された複合的なテクノロジーなのです。たとえば「カリブの海

賊」や「ジャングルクルーズ」に乗るとしましょう。搭乗するヴィークル（運搬具）の動きは、コンピューターによって精密に制御されています。やがて道中のあちこちで、動いたりしゃべったりする精巧な自動人形に出逢います。これはオーディオ・アニマトロニクスとよばれる精巧なロボットであり、音（オーディオ）、動き（アニメーション）、電子工学（エレクトロニクス）の複合体です。ディズニーランドは、遊園地という19世紀的な遊戯施設を電子工学的な空間として再編成することでつくりだされた新たな形式であるといえるでしょう（能登路 1990）。

　ぼくは以前にゼミ生たちと、ディズニーランド内のどこでどんな音がどのように聞こえるかを調べたことがあります[3]。園内はどこでも何かしらの音楽が流れています。それも大きな音量で。すると、ワールドバザールやシンデレラ城前の広場などの主要な場所では、ことさらに音量が大きいことがわかりました。とくにワールドバザールでは、ガラスの大屋根に反響して音がこもります。そこへつぎつぎ入場してくる人たちは、なぜか決まって、ごく限られた特定の言葉しか口にしないのです。「やばいよ、やばいよ」「すげー、すげー」「行こうぜ、行こうぜ」というような。大音量の空間にいると、頭が芯からぼんやりしてくるものです。ちょうどそんなふうにして、大音量によって来場者の聴覚をノックアウトしたうえで、イメージを注入しようとしているのでしょう。

5. 可能性としての愉しさ

　このように、ディズニーランドという空間は、イメージの圧倒的な統制力によって来場者を制圧し、支配する装置という観点から捉えることができます。そしてそれゆえ、ディズニーランドは現代社会の特徴を明瞭な形で示していると考えられ、ディズニーランドを批判的に捉えることをつうじて現代社会の問題点が炙りだされてもきました。

　しかし他方で疑問も浮かびます。イメージによって、特定の意味を特定の仕方でのみ諒解させ、それによって来場者を支配する装置がディズニーランドである——この説明はどこか奇異に感じられませんか？　だって、いい歳をした分別ある大人たちが毎年くりかえし千万人単位で浦安の埋立地——1960年代までは「べか」とよばれる海苔採り舟が浮かぶ遠浅の海でした——に足を運ん

でくる理由が、みずからを支配してもらうためだというのですから。たとえそれが、ちょっとしたスリルや驚きや愉しさと引き換えだったとしても。それではまるで、世の中の大多数は、資本に巧妙に騙されていることに気づくことさえできない無知で愚かな人間であると言っているようなものです。

さて、思考の袋小路に陥ってしまったときの有効な脱出法のひとつは、行為やふるまいに着目することです。従来の議論の枠組みを突き崩すような現象に気づかされることがあるからです。とりわけディズニーランドの場合、先にも述べたとおり、参加体験型の映画としてつくられているわけですから、空間ばかりでなく、来場者たちのふるまい、つまり、どのように参加し体験しているかをよく観察することは必須といえるでしょう[4]。

すると、たとえばこんな現象に出会います（長谷川2014）。「スプラッシュ・マウンテン」というアトラクションには、ボートに乗ったまま大きな滝を落下するイベントが含まれています。そのさいボートに搭乗する来場者たちの姿は、自動カメラによって、記念写真として撮影されます。写真のなかの乗客の大半は、落下の恐怖で引きつった表情をしたり、うつむいたりしています。ところが、なかにはあえてそうではない恰好をする来場者がいるのです。ピースサインを出してみたり、ヒーローものの変身のポーズをとってみせたり、逆に無表情のまま腕組みをしてみせたり。明らかにカメラを意識したふるまいです。

こうした現象について、従来の見方なら、ディズニーランドが強制してくる秩序に対するささやかな抵抗と説明するでしょう。「ささやか」というのは、秩序に完全に従順であるわけではないが、しかし秩序を覆すような力まではもっていないというニュアンスです。そうでしょうか？

むしろ彼らはそうやって愉しんでいると理解するほうが、ずっと自然であるように思います。ディズニーランドの秩序に抵抗するというよりも、それと戯れているのです。秩序の境界線の縁ぎりぎりを、まるで寄せ来る波と遊ぶようにして、戯れている。だからそれは、強制や制圧や支配という一方向的な働きというより、ディズニーランドのさまざまなしかけと来場者とのあいだの、双方向的で共同的な実践であるはずです。

じじつ東京ディズニーランド開園30周年のテレビCM「夢がかなう場所」でも、スプラッシュ・マウンテンがとりあげられています[5]。そのシークエン

スには、甘酸っぱい青春の思い出という気分が全編にまぶされつつ、恐怖に怯えてうつむく彼氏を尻目に、主人公の少女が平然とカメラに向かってピースサインを出しながら落下してゆく場面が描かれています。彼女のその愉しげな姿は、イメージが観客を一方的に支配するというような従来的な見方に対して一定の修正を迫っているように、ぼくには思われてなりません。そんな観点からディズニーランドを捉えなおしてみると、これまで見えなかった姿が、きっと見えてくるはずです。

▶ 学びのポイント

実際に実踏して調査するのがいちばん望ましい。難しい場合はディズニーランドに行った経験のある学生が地図を描き、それをもとに、ディズニーランドの空間的特徴や、行為の特徴などを議論するのがよいでしょう。もちろん関連文献を読むことも大切です。

［長谷川一］

---

1 「入園者数データ」オリエンタルランド、http://www.olc.co.jp/tdr/guest/（2015年6月18日閲覧）
2 以前に、実際のところディズニーランドからどれほど外部へ視線が抜けにくいかを調査したことがあります。その結果、たしかに外部は見えにくいものの、完全に遮蔽されているわけでもないことが確認できました。東京スカイツリーなんか、園内のあちこちから、あんがいよく見えるのです。ただ、来場者はそのことを、あまりはっきりとは意識していないようです。またよく知られているように、これがディズニーシーとなると、視線の管理はだいぶゆるくなります。東京湾が丸見えだったりして。
3 「東京ディズニーランド音マップ」2014年11月1日公開、長谷川一ゼミサイト http://hajimedia.net/04disney/1411tdl_soundmap/index.html
　「東京ディズニーシー音マップ」2015年3月8日公開、長谷川一ゼミサイト http://hajimedia.net/04disney/1503tds_soundmap/index.html
4 ぼくはゼミ生たちと一緒に、バレンタイン直前のディズニーシーで、カップルの来場者たちの足どりを調査したことがあります。彼らの多くが、まるでコンビニに入店した客たちのように、同じ方向に向かってぐるりと回遊するように移動していることがわかりました（第15章も参照）。そして意外にも、アトラクションを愉しんでいる時間はあんがい短く、大半が園内をぶらぶらと歩いて過ごしていました（むろん行列待ちに費やされる時間もひどく長いのですけれど）。「東京ディズニーシーでカップルのふるまいを調査してみた」、2014年3月9日公開、長谷川一ゼミサイト http://hajimedia.net/04disney/1402tds/disney.html
5 以前はYouTubeの東京ディズニーリゾート公式チャンネルで視聴することができました。

III

発展

物質性と身体性から考える

はじめに

　第Ⅲ部は、発展と位置づけられるとともに、きわめてファンダメンタル（根本的）な問題を扱うパートでもあります。よりはっきりと物質性や身体性に焦点をあわせているからです。どんな意図や意味がやりとりされるかというよりも、むしろどんな仕方や場においてそれがなされているかということに重心を置くような観点。それは、メディア論に立脚しながらメディアを学び考えてゆくうえで、ぜひとも射程に入れておきたい視座です。

　ところが、こうした視座の重要性は、従来のメディアに関する教育のなかでは、必ずしも十分に認識されてはきませんでした。少数の例外を除いて、ほとんど見逃されてきたといってもいい。なぜなら、メディア教育の現場では、どんな立場であれ多くの場合、情報やメッセージのやりとり、つまり記号の交換や読解がコミュニケーションであり、それを仲立ちする手段がメディアであるというような図式が、大本のところで前提されてきたからです。

　こうした、意味伝達的であったり記号読解的であったりするような図式にもとづくメディア観・コミュニケーション観は、一般にも広く信じられています。しかし、それなりに有用ではあるとはいえ、一面的であることは否めません。じじつこの図式の下では、多くの重要な観点が軽視されたり見落とされたりしがちです。物質性や身体性は、その代表例といえます。

　物質性や身体性の要諦を3点あげましょう。第一は、いかなるメディアも、テクノロジーと身体とが物質的に結びついて遂行される行為のなかで作用すること。第二は、メディアは身体に直接働きかけるがゆえに、ものの感じ方や考え方、わかり方といった知覚を枠づける決定的な役割を担うこと。その知覚の枠組みをとおして、ぼくたちは「世界」を把握し、自分自身を形づくります。それは反面、特定の秩序に縛りつけられ、他の見方や可能性を想像しにくくなることでもある。そして第三は、そうした枠組みそのものを相対化したり解体したりするような糸口もまた、身体とテクノロジーが直接に結びつく局面に見出しうることです。

　このうち第一・第二の両点については、本書でも第Ⅰ部と第Ⅱ部をとおして見てきたことですが、そこで学んだことを、より注意深く、よりていねいに理

解していく必要があります。たとえば「ステレオタイプ」は、しばしば歪められた認識として批判の俎上にあげられます。けれど、類型化された枠組みから完全に自由な認識などありえないことも知ったほうがいい。ぼくたちの認識は、そもそもなんらかのステレオタイプに拠ることによって初めて可能になるものなのだから。あるいは「テクスト」という言葉。それは、送り手の意図がどうあれ、それとは異なる形での多様な読みにつねに開かれた記号の複合体のことをさしており、必ずしもメッセージと同義ではありません。そして「メディアはメッセージである」と強調するマクルーハン流の見方は、ともすると物質性や身体性さえも意味伝達や記号読解の図式に回収してしまい、上述した第三の点のような可能性を取り逃がしかねない危うさを孕んでいます。だからこそ、あらためて物質性や身体性という観点に立ち、それらを基盤として遂行される諸行為を視野に収めつつ、メディアを捉えなおすことが重要なのです。

　では、そのような視座を養うには、どうすればいいのか？　そのための考え方や方法、ヒントをご紹介するのが、第Ⅲ部の役割です。ただし、述べたようなメディア教育の現状を考えあわせると、こうした主題をとりあげるには一定の配慮が不可欠でしょう。

　そこで第Ⅲ部では、他のパートとは少し異なる方針をとることにしました。含まれる3つの章はいずれも、「よく知っている」身近な日常を題材にした具体的な実践例にもとづきながら、エッセイのような文体で書かれています。トレーニングシートは、あえて付していません。なによりもまず、各章を読み物としてしっかり愉しく読んでもらうことを中心に据えたためです。そのうえで、読者それぞれの文脈に引きつけ、感想を述べあったり議論したりしてみてください。似たものを探したり、文中で紹介されたワークショップを実践するのもいいでしょう。あの手この手で工夫しながら、自分自身の頭と身体で考えてみることが、より深く、幅広くて柔軟な学びへとつながります。

　　　　　　　　　　　　　　　　　　　　　　　　　　　　［長谷川一］

⑰ 「よく知っている」を捉えなおす
認知地図・カメラ・トマソン

1. ニワトリと自転車

　手始めに、「よく知っている」ものの絵を描いてみましょう。たとえば、ニワトリ。条件は3つだけです。実物や写真を参照するのではなく記憶で描くこと、フリーハンドで紙に描くこと、そしていったん描いたら修正しないこと。
　ニワトリのことは誰でも知っています。小学校で飼っていたりもしますしね。もちろん絵を描くこともできます。学生の描いたニワトリです（図17.1.）。経験上、年にひとりくらいの割合で、四本足のニワトリを描く学生もいます。これを見て、最近の学生はものを知らないと嘆いたり怒ったりしたくなった方もいるかもしれません。そういえば以前、若者が四本足のニワトリを描くのは教育の質の低下が原因だと大騒ぎになったことがありました。どうなのでしょう？　ちなみに、日本の神話に登場し、サッカー日本代表のシンボルマークでもある八咫烏は三本足なのですが。

図17.1.　学生の描いたニワトリ。

　さて、最近の学生は……と言いたくなってしまった方は、ご自身でもぜひ描いてみるといい。たとえば、自転車の絵を。
　自転車を知らないという人も、まず存在しないでしょう。今朝登校するときにも目にしただろうし、自分自身が自転車に乗ってきた人も少なくないはずです。では、いざ絵にしてみると、どうでしょう。きちんと描ける人はほとんどいません。ここでいう「きちんと」とは、絵の上手下手ではない。描かれた自転車が実際にどんなふうに作動し、走行するのか、そのメカニズムが絵として適切に表現されているか、という意味です。
　学生たちの絵を見てみましょう（図17.2.）。車輪2つはさすがにみんな描きます。けれど、両輪をつなぐフレームとなると、もう怪しい。ギアやチェーン

はかなりの確率で欠落している。ブレーキはほとんど描かれず、ペダルも無かったりする。そんな「自転車」が大半です。漕ぐことも走ることも停まることもできないような、自転車ならぬ自転車ばかりが量産されてしまうのです。

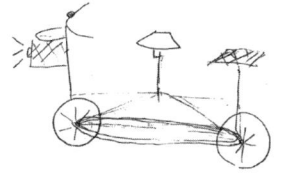

図17.2. 学生の描いた自転車。

あたり前のように「よく知っている」はずのものは、いざ絵にしてみると、あんがい「よく知っている」わけでなく、けっこう曖昧で適当であるらしい。デッサンや生物学や機械工学の授業なら、だからこそ、もっと精確に観察しなさいと教えるかもしれません。それはそれで大切なことですが、ここで確認したいことは別にあります。それは、曖昧で適当だからといって、それが不十分で誤りだとは一概に断定できないということです。なぜなら、そんなふうに曖昧で適当な認識を基盤にしているにもかかわらず、現にとりたてて支障なく日常生活を運営することができているのだから。

2. 認知地図を描いてみる

では、日々生活を営む日常の世界のことを、ぼくたちはどのように認識しているのだろうか？　それを知るために、こんどは地図を描いてみましょう。通学や通勤や買物で、自宅から最寄り駅まで徒歩でゆく道のように、あなたが日常を過ごす「よく知っている」街の地図です。条件は、ニワトリや自転車のときと同じく、3つだけ。実物や写真やGoogleマップなどを参照するのではなく記憶で描くこと、フリーハンドで紙に描くこと、あとから修正しないこと。

すると、描かれる地図は多種多様です。歩く道筋と目印のつながりで描かれたもの。平面の拡がりのなかに移動経路が描かれたもの。斜め上空から鳥の目で捉えたような3Dふうのもの。いろんなタイプの地図が見られます。どのような描き方であれ、それがふだん支障なく日常生活を営んでいる「よく知っている」街の地図であれば、それがあなたにとっての「正解」です。あなたは、その地図に表現されたようなイメージとして、あなたの街を認識し、諒解しているのだから。

このような地図のことを「認知地図（cognitive map）」といいます。認知地図とは、周囲の環境の空間的配置に関して人がいだくイメージのことです。「よく知っている」街の全体的な配置についての、「だいたいこんな感じ」という主観的なイメージといってもいい。ぼくたちが通い慣れた道を何も考えなくとも歩くことができるのは、この認知地図という空間配置の全体的なイメージを無意識のうちに参照しながら行動しているからなのです。実際「よく知っている」道は短く感じられるのに、見知らぬ道や入り組んだ道は長く感じられます。好きな道は近く感じられるし、よく通るのに、なんとなく好きでない道は遠く長く感じられ、無意識のうちに避けてしまう。いずれも、「よく知っている」道では認知地図を参照できるのに対して、疎遠な道ではそれができにくいことに起因しています。

　認知地図にはいくつかの顕著な特徴が見られます。現実の空間配置や正確な地図と比べると、認知地図は、現実の空間配置や正確な地図に、しばしば対応していないのです。欠落や省略が多く、方角がずれていたり、距離が歪曲されていたりする。認知地図を描くときに、あそこに何かお店があったはずなのだけれどよく思い出せないな、と困ってしまうようなことは、実際よくあります。

　こうした特徴は、認知地図が身体化されたイメージであることに関係しています。認知地図とは、誰かに教えられるものというよりも、みずからの経験のなかで形成されるものなのです。毎日同じような道を歩いて通学するという行為が数えきれないくらい反復され、その習慣化のプロセスをとおして身体に刻み込まれ、形成されるわけです。だから、認知地図のあり方は、その人の日常世界における具体的な習慣的行為の集積に依存しています。同じ時期に同じ街に暮らし、同じような通学路を同じようにつかっている人であっても、人が違えば認知地図も違うのです。

　認知地図のこうした成り立ちは、もうひとつ重要なことを教えてくれています。それは、人は現実の空間を実在そのままに認識しているのではないということです。そうではなく、自身が投げ込まれている世界のなかで、行為をとおして世界に働きかけ、さまざまな事物とさまざまな仕方でやりとりし、それを習慣として身体化してゆく過程をとおして世界を解釈しているのです。現実の空間をあるがままに直接に把握しているのではなく、取捨選択をとおして拾い

あげたものを図式として配置しなおすことで、諒解しているのです。認知地図とは、「わたし」の偏愛にもとづいて再構成された世界の表象である、といってもいいでしょう。

このように見てくると、「よく知っている」ものに対するぼくたちの認識が曖昧で適当だという評価は、あくまで現実空間の実在的な配置と対比した場合にそう言えるというにすぎないことがわかります。何かについて「よく知っている」状態とは、それに関する全体像（認知地図のような）をもち、そこに位置づけられていることをいうのだと理解するべきでしょう。ともすると曖昧で適当にも見える認知地図こそが、日常生活が営まれる日常的な空間──「わたし」が日々を生きる世界──についての意味の枠組みなのです。その枠組みをとおして選択的に拾いあげられたものが理解可能な「意味のあるもの」であり、拾いあげられずに捨てられたのが「意味のないもの」、というわけです。

3. 人間の視覚、カメラの視覚

人が違えば認知地図もまた違う。「わたし」の認知地図は「わたし」固有のものである。そうであるのなら、「わたし」ではない何か別のものになって行為してみると、いつもの「よく知っている」街が異なる相貌をもって浮かびあがってくるに違いありません。試してみましょう。

「わたし」以外の何かになってみるのなら、「わたし」とはできるだけ遠く異質なものがいい。そのほうが、同じ世界を異なる仕方で捉えるときの見方の差異が、よりはっきりするだろうから。その意味で異質といえば、たとえば機械です。そこで、カメラになってみることにしましょう。カメラになって、先ほど認知地図を描いたのと同じ「よく知っている」街を再び歩いてみるのです。

カメラについては第11章や第12章でもとりあげましたので、復習しておいてください。ここでは、人間とカメラの視覚上の違いについてだけ確認しておくことにしましょう。

テクノロジーを身体の拡張と捉えたマクルーハン流にいえば、カメラは人間の視覚が外化し、機械という形式に置き換えられたものだといえます。たしかに両者はどちらも世界をイメージとして把握します。水晶体やレンズをとおして光を集め、人間であれば視神経、カメラであれば電子撮像素子やフィルムで

それを捉えるのです。しかしその機構には小さくない相違があるようです。

　渋谷のハチ公前で友人を待っているという状況を考えてみます。向こうからやってきた友人を、あなたはすぐに見つけることができるでしょう。けれど同時にそこには膨大な数の人がいたはずです。そのなかから、あなたはどうやって友人を見つけだすことができたのか。それは人間の視覚が、視神経に届いた情報のなかから必要なものを選択的に拾いあげ、それらを編集して再構成することで認識を立ちあげているからです。これって、なかなかすごいことだ。もしカメラで同じことをしようとすれば、あらかじめ友人の顔を画像パターンとして登録しておいたうえで、視界に入った全員の顔と照合して、画像パターンに当てはまるかどうかをひとつずつチェックしていかなければならないでしょう。

　カメラの視覚を人間と比べると、2つの特徴が見出せます。第一は、カメラの視覚には必ずフレーム（枠）が存在することです。人間の場合、視野の境界は必ずしもはっきりしていませんが、カメラの場合は、フレームによって視覚の内と外が明確に区切られるのです。第11章でも撮影者の意図と関連してフレームの話が出ましたが、ここではそれとは少し違い、あくまで映像がもつ物理的な条件としてのフレームのことをさしています。実際、写真だろうが動画だろうが、あらゆる映像はつねにフレームをともなっており、例外はない。また興味深いことに、人間は多くの場合、映像を観ているときにフレームの存在をほとんど意識しません。視覚的には捉えていないはずはないのに、意識のレベルまでは上がってこない。「見えているのに、見ていない」のです。

　第二の特徴は、フレームの内側の領域がすべて均等に記録されることです。カメラにとって、フレーム内はどこもすべて等価なのです。フレームの特定の箇所だけを「意味あるもの」として重点を置き、それ以外は「意味のないもの」として切り捨てるというようなことは、今のところカメラにはできない。中央に映っているものがくっきりと見えて周囲がぼやけているという写真をよく見かけるが、あれはどうなのかと疑問が浮かぶ人もいるかもしれません。けれど、それはたんに焦点（ピント）がどこにあっているかという問題にすぎない。合焦がどうであろうが、撮像素子が光を捉え情報として記録するという点において、フレーム内のあらゆる地点でまったく等しく機械的に作動しています。人間の眼が、自分にとって「意味のあるもの」だけを偏愛するのだとすれば、カ

メラの視覚は対照的に、「意味」など一切おかまいなしに、フレーム内に捉えられたあらゆる細部に分け隔てなく等しく愛を注ぐのです（長谷2000）。

4．カメラになってトマソンを発見する

　実際にカメラになってみましょう。といっても、文字どおりの意味で機械になるわけにはいきません。上にあげたカメラの視覚の2つの特徴——フレームがあることと、その内部をすべて等価に捉えること——だけを抽出し、それを意識してみることにします。フレームは、述べたとおり人間の視覚にははっきり存在しないものなので、ボール紙か何かを四角く切り抜いて目の前にかざしながら歩いてみるといいかもしれません。そして、その内側で視覚に飛び込んでくるものを等しく捉えるのです。

　第13章でも街を歩いてみましたが、本章の場合、あくまでカメラの視覚をもったつもりで見るという身構えをとることが重要です。特定の何かを見ようとしてはならず、視界は全体として、すべてに等しく愛を注ぐように受けとめられなければならない。見えたものの「意味」を考えようとしてもいけません。何も考えず、いってみれば「バカ」になって、ただ視界に入ってくるものを機械的に淡々と捉えるカメラの撮像素子になりきってみることです。

　そうして、先に認知地図を描いたのと同じ「よく知っている」街を再び歩いてみます。すると、それまで人間の「わたし」として捉えていたときには見えなかったものが、見えてくるのです。——というと、最初はどの学生も、「そんなものを自分の街で見つけるのは無理じゃね？」と言います。ところが、実際にやってみると、ほとんど必ず見つかるのです。それも、思いのほか簡単に。自宅マンションのエントランスのすぐ脇でいきなり発見してしまったというケースさえあったほどです。

　発見例をいくつかご紹介しましょう。たとえば、コインパーキングの駐車スロットを示す番号札です（図17.3.）。なぜか古い井戸の手押しポンプに突き刺さっています。つぎはショートケーキのように奥行きが極端に薄い建物です（図17.4.）。室内側の奥行きはおそらく50cmほど。住人はどんなふうに居住しているのか、気になります。意味のよくわからない看板もあります（図17.5.）。矢印にしたがって少し奥に行ってみましたが、「念力パワー」らしいものは発

図17.3. 駐車場の番号札、土台は古い井戸ポンプ。

図17.4. 極薄の建物。

図17.5. 意味のよくわからない謎の看板。

図17.6. 寺院型ゴミ箱。写真右端が増築部分。

見できず。とあるJR駅の駅前のゴミ箱もなかなか愉快なものです（図17.6.）。寺院のような大屋根をいただき、外装も木目調。じつはこれを見せられたとき、ぼくは心底驚きました。建築史家中川理さんの著書『偽装するニッポン』（彰国社、1996年）のなかに紹介されていた事例だったから（同書p.231）、という理由だけではない。「増築」されていたからです。写真の右手に棟が付け足され、燃えるゴミのスロットが増えていますが、この下屋は先の本の写真撮影時には存在しませんでした。

　カメラになってみると、このように「よく知っている」はずの街のなかに、それまで気がつかなかった「意味のないもの」が見つかってしまいます。それは、赤瀬川原平さんのいう「超芸術トマソン」に、ちょっと似ているかもしれません。彼によれば、トマソンとは「使いようがなくて無用になっているけれども、なにかたたずまいが変なもの」のこと（赤瀬川1996）。超芸術とは、「す

ごい芸術」という意味ではなく、芸術の概念を超えている芸術という意味の造語です。芸術なんてただでさえ「よくわからない」のに、それを超越しているのだから、「なんだかさっぱりわからない」ものだという洒落でしょう。

　代表的なトマソンに「純粋階段」があります。なぜ純粋か。ふつう階段とは、高さの異なる階へ移動するための昇降装置という目的＝意味を与えられています。ところが、赤瀬川さんたちが発見した階段は、昇った先に壁しかなく、どこにも行くことができないまま、降りてくるしかないものだった。改築工事の都合かなにかで、たまたまそうなってしまったのでしょう。別のフロアへ移動するという目的＝意味を失い、ただ昇降運動をおこなうことしかできないから純粋階段とよんだわけです。

　さて、カメラになって歩くと見つかる「意味のないもの」は、いずれも、それまで「見えていたのに、見ていなかった」ものにほかなりません。つまり、「わたし」の認知地図からこぼれ落ちていたものであり、認識の枠組みから切り捨てられていたものです。「わたし」の意味の枠組みに照らして「意味のないもの」だったから。

　だから、カメラになって「よく知っている」街を歩きなおすのは、「意味のないもの」を見つけるゲームであるだけではない。それを「意味のないもの」と位置づけてしまっている「わたし」の認知地図、換言すれば認識の枠組みを炙りだし、その自明性を根本から揺さぶる試みでもあるのです。

　ぼくの授業では、同じような趣旨で、さらにいくつか別の何か——たとえば犬や猫などの動物とか——になってみて、同じ街を何度も歩きなおします。そして、それを認知地図のなかにマッピングして、報告しあいます。また、アフォーダンスという生態心理学の概念を勉強したりもします。

　いずれにせよ、「よく知っている」世界の成り立ちを知り、それを相対化してゆくためには、身体を経由する学びが根本において重要です。ぼくたちは、行為する身体において、世界を諒解しているのだから。

［長谷川一］

18 「わたし」とは誰なのか
デジタルストーリーテリング

1. デジタルストーリーテリング

　この章でご紹介するデジタルストーリーテリング（Digital Storytelling）は、スチール写真（静止画像）とナレーションを組みあわせ、自分自身について語る短い映像作品を制作するワークショップのことをさします。

　創始したのは、アメリカ合衆国のアーティスト、デイナ・アチュリー（Dana Atchley 1941-2000）です。彼は、デジタル化された写真・ビデオなどを見せながら自分自身や家族の歴史について語る"NEXT EXIT"と題されたライブパフォーマンスをおこなっていました。それがデジタルストーリーテリングの始まりとされています。1994年にアチュリーらはサンフランシスコにデジタルストーリーテリング・センターを設立します。以後そこを拠点に、米国からヨーロッパを経て世界中へ広まっていきました。今日では世界各地で、多様な関心のもとに数多くの手法が開発され、さまざまに活用されています。日本でも、たとえば小川明子らを中心とした、デジタルストーリーテリングによる異文化交流の試みなどの例があります（第12章、小川2006）[1]。

　デジタルストーリーテリングが世界で広く受け入れられている背景には、大きく2つの考え方があるといえます。ひとつは、デジタル・テクノロジーの発達は人間・文化・社会をより豊かにするために有益に活用されるべきだというある種のプラグマティズムです。もうひとつは、これまで社会に向けて直接に声を発しにくかった一般の人びとを含め、すべての人に対して、自分自身のことをみずから語る権利が保障されるべきだとする多元的なリベラリズムです。その精神は、キャッチフレーズのようにしばしばいわれる、つぎの一文に尽くされています。

　「誰もが語るに値する物語をもっている。（Everyone has a story to tell.）」

　ぼくが初めてデジタルストーリーテリングのワークショップを実施したのは、2006年のことです。以来毎年、授業のなかで継続的に取り組んできました。

気づいたら、それなりの長期間にわたって実践を重ねてきていたのです。そこで本章では、デジタルストーリーテリングの全体像というよりも、ぼくが経験をとおして練りあげてきたプログラムを、多様な広がりをもつデジタルストーリーテリングのなかの（あくまで）ひとつの事例として、ご紹介したいと思います。そこでは「わたし」、つまり自己なるものが、いかにして物語ることをとおして形づくられるかということを学びます。

2. 語るに値する「わたし」の物語

　このデジタルストーリーテリング・ワークショップの特徴は、シンプルでミニマム、そしてファンダメンタル（根本的）な点にあります。削ぎ落とせるものは削ぎ落とし、もっとも核となるべきものに集中すること。新鮮な野菜を調理するのと同じです。

　集中するべきこととは、いうまでもなく、語り手にとっての「語るに値する物語」です。それは、制作者自身についての物語、制作をとおして「わたし」という自己の成り立ちについて考えてゆく過程であると換言することもできるでしょう。もともとデジタルストーリーテリングとは、いわば「デジタル・テクノロジーを活用した自分語り」だったからです。それにまた、後述するように、「わたし」が「わたし」としてアイデンティティを確立してゆく過程はストーリーテリング（物語ること）と不可分なものでもあるのです。

　ぼくの場合、まず最初に、これから制作する作品の主題（ごくふつうに「テーマ」というくらいの意味です）の条件は「自分にとって切実なこと」であることを明示します。自分にとって今語るべき切実なことであれば、具体的には何でもかまわないということです。

　自分のことならどんどん自由につくることができそうだ、と考える人も少なくない。だが話はそう簡単ではありません。以前に、アメリカやヨーロッパの実践者たちと話をする機会がありました。彼らは、多くの人びとはあらかじめ「語るに値する物語」をそれなりにはっきり把握しており、適切な機会を提供しさえすれば、すらすらと語りはじめることができるかのように言うのです。驚きました。ぼくの実感は、それとはかけ離れたものでしたから。

　少なくともぼくが知る範囲に関していえば、機会をただ用意するだけでは、

多くの学生はありきたりの、通り一遍のものしか語りません。それはスーパーやコンビニで売っている、出来あいのお総菜みたいなものです。「わたし」自身の物語というより、商品化・類型化されて流通している手垢まみれのイメージをそのままなぞっているだけ。たんなるその場しのぎにすぎません。

　ただし、誤解してはいけない。彼らはけっして、手抜きをしたりサボったりしていたわけではなく、また「語るに値する物語」そのものをもっていないわけでもありません。彼らの物語は、類型的なイメージによって何層にもコーティングされた分厚い皮膜に覆われてしまっており、当人にもその所在の見当がまるっきりつかないだけなのです。なぜなら、これまでほとんど自分自身について、深く考え、語る機会がなかったから。そしてなにより、これまで誰も、自分の語りを聴こうとしてくれなかったから。

　だから、彼らがみずからの物語を見つけだし、それをみずからの言葉で語りはじめられるようにするためには、その皮膜を一枚ずつ、彼ら自身の力で剥がしてゆく必要があります。そのための媒介物となるのが、映像制作というプロセスなのです。そしてそのプロセスを適切に歩むためには、教師の側にも、それなりの工夫と忍耐が欠かせません。そのことを、ぼくはこれまでの試行錯誤のなかで学んできました。

3. ワークショップに必要なもの

　シンプル、ミニマム、ファンダメンタルという特徴は、大学の授業という枠組みのなかで実施するためにも重要な条件です。特別な機材や資金は不要ですし、伝手やコネもいりません。ごく身近にあるものだけで十分実施できます。

　まず必要なのが、教師と学生です。教師といっても、知識を教える仕事が中心なのではありません。果たさなければならないのは、むしろワークショップのファシリテーターのような役割です。学生たちがみずから考えを深め、適切な方向に進んでゆくための手助けをするのであって、それ以上でもそれ以下でもない。とはいえ、あとでも述べるように、教師という立場にいる人間にとって、これは簡単な仕事ではないようです。なお、内容からして大規模な授業にはまったく適しません。教師が1名だとすれば、受講者数はできれば20名以内に抑えたいところです。

つぎに、教室が必要です。あまり広すぎないほうがいい。パソコンから動画の投影が可能な機材が備わっているとよいでしょう。
　スチール写真が撮影でき、簡単な動画編集ができるだけの機材があれば十分です。今や学生のケータイ・スマートフォン所持率は限りなく100％に近いので、これも学生の手持ちの機材で大方はまにあうはずです。このほか、iMovie（Mac）やムービーメーカー（Windows）のような入門者向け動画編集アプリケーションをつかいます。同様のアプリケーションはスマートフォン用もあります。自前のパソコンやアプリケーションが用意できない場合は、大学のパソコンルームなどを活用してもよいでしょう。
　学生については、動画制作に関する知識や経験の有無は問いません。一般に、映像制作系の授業の多くでは、大なり小なり制作のための技法習得が一定のウエイトを占めているものですが、このプログラムの主眼は、そこにはありません。スチール写真とナレーションという2要素だけに絞っているのは、限られた授業時間をもっとも大事なことに集中できるよう、映像制作の技術上の要求度をできる限り低減させるためなのです。
　もっとも大事なこととは、「わたし」のなかに「語るに値する物語」を見つけだすことです。この点は、デジタルストーリーテリングが、マスメディアの制作するようなドキュメンタリーやニュース番組などといった類の既存の映像形式と大きく異なる点かもしれません。そうした番組が取り扱うのは、制作者自身とは直接関係のない事件や人物であることがほとんどですから。またジャーナリズムでは、制作者が作品のなかで自己を直接語ることは（少なくとも表面上は）好ましいことではなく、むしろ対象と視聴者をつなぐ役割に徹するべく、できるだけ「透明」になったほうがよいと考えられる傾向も見られます。実際にそうであるかどうかはまた別として（第3章も参照）。
　一方、デジタルストーリーテリングで必要とされるのは、それとはちょうど正反対の態度です。つまり、制作者が自分自身にどこまでも向きあい、とことん掘り下げてゆくことなのです。その意味で、デジタルストーリーテリングは、映像制作のプロたちが想定するような、最終的にできあがった作品の質で勝負するという次元とは少し違うところで成り立っているといえるかもしれません。
　むろん作品の出来が良いに越したことはないが、それはひとつの結果にすぎ

ない。重要なのは、そこに至るまでのプロセスの質のほうです。自分の考えを話し、他者の話を聴き、それを引きとってまた考えなおす。そのくりかえしの過程で、自分の理解や考えをどれほど深め、押しひろげ、発展させることができるか。そこがポイントだといえるでしょう。

4. ストーリーサークル

　具体的なワークショップの進め方を説明します。最初に授業の概要や主題の条件を示したあと、つぎのような手順で進行します。
　①ストーリーサークル（グループディスカッション）→②企画検討会（発表とディスカッション）→③絵コンテ作成→④制作→⑤上映会→⑥ふりかえり→⑦作品の公開。
　このうち、①と②に授業期間の2/3を、ようするに大半の時間を当てます。どちらも、発表→ディスカッション→持ち帰って考えなおす→また発表、のくりかえしです。①のストーリーサークルは、それをグループ内で実施します。経験上、グループの人数は4名くらいだとやりやすそうです。そこで何回も発表とディスカッションをくりかえし、そろそろ全体に発表してもいい段階だろうということになったら、②企画検討会に進みます。こちらは、ストーリーサークルと同じことを、クラス全体で実施するステージです。受講するすべての学生たちの前で発表し、感想や意見、質問などを出してもらい、ディスカッションをします。この段階で、教師からOKをもらえれば、絵コンテに進みます。もらえなければ、もう一度やり直し。
　制作過程の全体をとおして、その先に進んでいいかどうかが判断される「関門」は、実質的にはここだけです。それだけ、主題の把握までの過程を重視しているということです。ここをないがしろにしたまま焦って制作に進んでみても、あまり良いことはないようです。全員が①②の段階をクリアし終わったのが上映会の一週間前、ということも珍しくありません。
　主題把握さえしっかり押さえておけば、あとの制作自体はどうにかなるものです。ぼくの授業では、映像表現の技法やアプリケーションの操作方法といった実用的な情報は、とくに教えていません。わからなければ詳しい友人に訊くか、インターネットで調べるように言うだけ。それで問題ありません。学生た

ちはスマートフォンやケータイで写真撮影することには慣れていますし、パソコンで動画編集アプリケーションをつかったことのない学生でも、いじっているうちになんとか扱えるようになります。学生たちにしてみれば、自分が必死に考え抜いた作品を制作するわけですから、そもそもやる気満々です。これまで長い期間このワークショップを重ねてきて、操作の方法がわからずに作品が完成できなかったという学生に、いまだかつて出会ったことはありません。

5. 教師が試される

　②でOKを出す基準はどのように設定しているのかと、しばしば訊ねられます。ぼくの場合は明快です。学生の話を聞いて、「なるほど、たしかに当人にとって切実なことを話そうとしているんだな」と思えるかどうか、それだけです。事前に学生たちにそう説明しておき、実際そのとおりにします。

　恣意的ではないかと言われれば、（もちろんそんなつもりはないとはいえ）まあそういう部分も完全にないとは言いきれませんし、その気になればそうすることもできなくはない（しませんが）。ただし、忘れてならないのは、学生全員が同じ発表・ディスカッションを共有していることです。ぼくの示した判断が彼らの納得のいくようなものでなければ、授業そのものが立ちゆかなくなるでしょう。学生たちは、そのあたりの教師（というか大人）の態度を冷静に観察していますし、敏感に反応します。デジタルストーリーテリングでもっとも試されているのは教師であるといっても過言ではなさそうです。

　たとえば、いかにも教師が喜びそうな題材をとりあげ、いわゆる学校社会のなかで評価されやすいような価値基準にあわせてまとめてくる学生もいます。あらかじめ受け入れられそうな結果を先取りして「お話」をこしらえてくるわけです。たしかに、きれいにまとまっている。しかし、ここでOKをだしてしまったらおしまいです。「わたし」について考えることになりませんから。大事なことは、品行方正な話をそつなくまとめることでもなければ、題材の目新しさを追うことでもなく、当人自身がどれだけ切実かつ真摯にその話を語ろうとしているか、語らなければならないのかという点にあるはずです。ここは、この授業に賭ける教師の姿勢が問われていると腹をくくり、ひたすら誠実に彼らの話に耳を傾けるほかありません。

同じ理由から、①はもちろん②の段階でも、ぼくは基本的に個々の発表や意見に対して、とくに求められない限り、アドバイスのような発言を控えるようにしています。学生どうしでは積極的に意見や感想の交換をおこないますので、それにまかせています。もちろんぼくにも考えはあるわけですが、OKを出すときも、差し戻しにするときも、ここをこうしたらよいというような趣旨のことは、あえて口にしません。

　とはいえ、これはそれなりに忍耐を要することです。教師という生き物はどうしても、良かれと思って何かしらアドバイスを送りたくなるものですから。じつはぼくも最初のころは、発言に対してコメントをしていました。考えているのにうまく先へ進めないで苦しんでいるようすを見たりすると、つい、「あくまでも参考に」などと留保をつけつつアドバイスをしていたのです。コメントの内容は、手前味噌ですが、それほど的外れではなかったはずです。ところが、ほどなくして気づきました。コメントしても、ほとんど反映されないか、「言われたとおりにやりました」とでも言いたそうな形になってしまっていることに。学生が自分自身で考えることをやめてしまっていたのです。

　教師と学生の関係は、けっして対等ではありません。教師の何気ない発言でも、学生にとっては大きな影響をもちえます。自分の思考に教師が介入してきたと学生が受けとったとたん、自分自身の力で取り組んでゆく気持ちが萎えてしまうこともあります。「やらされている」という受け身の姿勢になってしまったり、教師が隠し持った「正解」という落としどころを当てっこするゲームだと思ってしまったりする。そうした身構えは、彼らが小学校以来の学校生活のなかで、メタ学習（学習の学習）として暗黙のうちに習得してしまった処世の身体なのかもしれません。

6.「わたし」を探して

　教師の態度が適切でありさえすれば、学生たちは意外なほど真剣に「切実なこと」について考えるものです。といっても、多くの場合、主題の把握は困難をきわめます。この感覚をぼくの授業では「くるたのしい」と称しています。苦しいけど、愉しい。苦しさのなかにこそ愉しさがある。もともとは作家の故遠藤周作さんの言葉なのだそうです。

実際、授業の最後のふりかえりの段階で、学生たちはよくこう言います。自分自身のことなのだから、最初は主題なんかすぐに見つかると思っていた。けれど、そうではなかった。それが意外だったのだと。切実なことが何なのかぜんぜんわからないという学生もいますし、最初に思いついた主題が必ずしも「語るに値する」とも限らない。最初に語ったことはたんなる出発点にすぎず、そこから思考が始まるケースも少なくありません。ですから、自分自身のなかに「語るに値する物語」を探すにあたって、まずは気になること、うれしいこと、好きなこと、嫌なこと、そういったことは何なのかを書きだしてみるのがいいでしょう。

　そのさい重要なのは3点です。第一は、観客を具体的に想定すること。漠然としたイメージではなく、具体的に自分に関わりのある（あった）人物がいい。その人に、まず最初に観てもらうことを念頭におくのです。その人がどう受けとめるだろうかとつねに参照することは、思考が迷走してしまわないためのガイドとして機能します。第二は、考えは必ず外化すること。頭のなかだけで考えているだけではなく、文字や絵に書いてみたり、口に出して話してみたりすることが大切です。第三は、外化したものは必ず誰かに聴いてもらうことです。紙に書いたものであっても、あとでそれを誰かの前で読みあげて聴いてもらったほうがいい。そのために、グループ活動という形をとっています。

　グループは、ストーリーサークル、つまり発表とディスカッションをくりかえすための場だと先に述べました。その中心にあるのは、発表することでも意見を言うことでもなく、「聴くこと」にあります。

7.「聴くこと」の力

　「聴くこと」こそが、ストーリーサークルの、そしてデジタルストーリーテリングの中心にあるものです。聴くこととは、たんに相手の話の内容や意図を言われたとおり理解するというような受動的な営みではありません。聴くこととは、相手を存在として受けとめることだからです（鷲田1999）。話そうとしているのに、なかなかうまく言葉にならないような、そんな声になりそうでならないような声を、耳を澄まして聴きとろうとすること。それはつまり、自分が話したくてもうまく話せないようなことを、目の前にいる他者が聴き届けよ

うとして待っていてくれているということでもある。

　「聴くこと」を中心とした関係が成立しているならば、学生たちはストーリーサークルを重ねてゆくなかで、それぞれの考えをたがいに深めあってゆくことができます。深まってゆくこととは、それまで「これが主題だ」と考えていたものを別の視点から捉えなおすことができるようになったり、その背後にあるものに気づくことができたり、といった形で表れます。

　もちろん、主題の検討について正面から取り組むことを避け、それらしいものをそこそこ適当に見つくろっただけで「これが切実なことです」とお茶を濁すこともできます。自分自身について真剣に考えることはそれなりに面倒でしんどいことですし、じっくり粘り強く考え抜くこともまた同様ですから。このとき教師が注意することもできるのですが（ぼくも以前に何度もして失敗した）、学生どうしがたがいに「聴くこと」を続けていれば、教師がそんなふうに介入する必要はほとんどありません。発表と話しあいを重ねて考えが深まってゆく関係のなかにいると、そうした学生もそのうち自分の当初の考えを相対化することができ、前へ進むことができるものです。

　さらにそれは、学生どうしだけでなく、教師についても同様に、あるいはそれ以上に当てはまります。やはりここでも、教師こそがもっとも試されているといえるでしょう。教師は、自分の話を人に聞かせることには慣れていても、学生たちの、必ずしもまとまっているとは言いにくい不分明な話をしっかりと聴くことには、まったくといっていいほど慣れていない。もしかしたら、それは教師に限らず、いわゆる「大人」全体にいえることなのかもしれません。大人が子どもを大切にしたり愛したりしているからといって、彼らの話をきちんと聴こうとしているとは限りません。経験的にいえば、ぼくが接する大学生のなかには、これまで周囲の大人に自分の話を真剣に聴いてもらった経験がないと感じさせる学生が、つねに一定の割合で存在するように思います。

　学生も教師も「聴くこと」に慣れていない。そんな状況のなかで「聴くこと」をできるようになるためには、まず型から、つまり「聴くこと」を演技することから入るのがいいでしょう。人前で話をすることに苦手意識をもつ学生が少なくありません。それはその学生だけの責任ではなく、話を聴く側の態度が不十分なためでもあるわけです。だからぼくは授業のなかで「気持ちよく話をす

るための聴き方」というのを教えます。別に難しくありません。話を聴いたら即座に「面白い！」とか「そりゃすげー！」と大きな声で反応するだけ。オーバーアクション気味の動作をともなっていると、なおよい。演技でいいのです。そして、ストーリーサークルに入るのに先だって、クラス全員で練習してみるのです。半分は冗談、半分は本気なのですが、これだけのことで、けっこううまくいきます。率直になることができるのでしょうね。やがて実際に「聴くこと」がなされている状態に入ると、そうした大仰な身ぶりはいつのまにか姿を消し、誰もが静かに聴くようになります。

8. 絵コンテから上映会まで

　主題についてOKを出したら、あとは基本的には学生にまかせてしまいます。絵コンテについては、ざっと見せてもらうだけ。質問があればそれには答えます。ただし、絵コンテを描く練習だけは事前にしておきます。

　なお、通常の映画やテレビドラマでは、脚本が重要視されており、絵コンテに先だって脚本づくりをおこなうのが一般的です（たとえば宮崎駿監督はいきなり絵コンテを描くそうですが、それは例外的）。ここで脚本を省略しているのは、時間的制約という理由によるだけでなく、企画段階を主として言葉による思考、絵コンテ段階を映像的なイメージと時間軸に沿った展開を含めた思考と位置づけているためです。とはいえ、絵コンテはあくまでも設計図にすぎませんので、ここに時間をかけすぎる必要はありません。動画編集アプリケーションの上でいくらでもショットの並びを変更することができますしね。

　さて、ようやく上映会です。1本ずつ作品を上映し、全員で鑑賞します。作品上映のさいには、制作者自身に舞台挨拶をしてもらいます。上映後は意見や感想を募ります。ここまでさんざん話しあいを重ねてきていますから、作品の背後にどれだけの努力や苦労が隠れているかを、おたがいよく理解しています。質疑は活発ですし、多くは的確で温かいものです。

　上映会が済むと、ふりかえりです。①作品について、②自分自身の取り組みについて、の大きく2点について書いてもらいます。「わたし」の姿を描ききったと達成感を得ている学生も、思ったようにいかず悔いが残ると書く学生も、みずから描いた「わたし」に対し、それとはまた違った「わたし」もありえた

のではないかと感じているようです。「わたし」が物語としてしか成り立たないことに、経験のなかで気づきはじめたことを示しているのかもしれません。ただし、ここでもぼくは（この授業のなかでは）とくに理論的な解説はおこないません。それをしてしまうと、デジタルストーリーテリングの経験が、理論を説明するためのたんなる手段という位置づけになってしまいかねませんから。そういうことは、おいおい勉強すればいい。

　授業はこれでおしまいです。作品は、そのあと原則としてすべてインターネットで公開しています[2]。公開にはリスクもあるのですが、この条件を課さないと、よくある学校社会の内部だけに閉じたトイワールド的な、つまり単純化されて現実との接点の失われたような活動になってしまいかねない。それに、作品とはそもそもパブリックにされることで、他者に開かれるべきものです。

9.　物語としての「わたし」

　このようにしてデジタルストーリーテリングでは、「語るに値する物語」を語るために、他者に話を聴いてもらい、他者の話を聴き届けようとします。そしてその過程をとおして、自己と向きあい、掘り下げていきます。ここでは映像や制作のプロセスは、「わたし」の物語を見つけだしてゆくための媒介物だと見なすこともできるでしょう。

　それは時に、「自分探し」のような、「ほんとうの自分」を見つけることと混同されることがありますが、まったく違うものです。もし、どこかに「ほんとうの自分」があるのだというのなら、今ここにいる「わたし」は「ほんとう」ではない紛いもの、ということになってしまいます。それに、もし仮に、絶対的な「ほんとうの自分」などというものが存在するとしたら、たいへん困った事態になってしまう。なぜって、「ほんとうの自分」はけっして変更できないものでしょうから。それは、成長可能性をもたないことを意味しています。

　まず自己というものがあり、それをメディアに写しとって表現したものが「わたし」についての物語なのだとすれば、それは安手のお話のように、特定の着地点に向けて直線的に語られるようなタイプの物語であるでしょう。けれど実際には、「わたし」はさまざまなアスペクトがせめぎあい、あらかじめ一貫した像として提示できるようなものではありません。重層的で多面的で、あちこ

ちに矛盾を孕（はら）み、分岐があったりループしていたり、思わぬところへ跳躍していたりするような、奥行きと厚みのある世界です。そのような「わたし」とは、どこかに確固として存立する岩盤のようなものではなく、あるイメージと「わたし」を重ねあわせながら、つねに「わたし」についての物語を語るという形式をとって、他者に向かって語られるものであり、その語りが聴き届けられるプロセスにおいて、そのつど構築されるものなのです。このプロセスのことを、アイデンティティ化とよびます。

アイデンティティ化とは、自己の物語化のことにほかなりません（ホール1996=2001）。裏を返せば、「わたし」についての物語を媒介しているさまざまなもの——語りの形式や、そこに要素として含まれるさまざまなイメージ——が変わるのなら、「わたし」のあり方もまた変わるであろうということでもある。それが自分を組織しなおしてゆくことであり、成長への可能性なのです。そして、そのようなことに経験の内側から気づいてゆくことが、このワークショップの主眼にあるといえます。

ストーリーサークルの初期の段階で、学生は決まってこんな言葉を口にします。「こんな個人的で平凡なことを題材にして、観るひとに伝わるのかな？」。浅いレベルに終始しているのなら、おそらくその通りでしょう。「じゃあ、どんなことなら伝わりそうなんだい？」と訊くと、こう言います。「みんなが知っていることとか、すごく変わった話とか」。ところが、一連の授業を終え、上映会後のふりかえりになると、こんなふうに書いてきます。「自分の話はありきたりなので、他人は興味をもってくれないと思っていた。けれど、深く考えたものなら伝わるのだとわかりました」。

そういうとき、ぼくが思い浮かべるのは、作家の村上春樹さんの言葉です。村上さんにとって、「物語」を紡ぎだすという営みは、「井戸」をどこまでも掘りすすんでゆくことだというのです。

> コミットメントというのは何かというと、人と人との関わり合いだと思うのだけれど、これまでにあるような、「あなたの言っていることはわかるわかる、じゃ、手をつなごう」というのではなくて、「井戸」を掘って掘って掘っていくと、そこでまったくつながるはずのない壁

を越えてつながる、というコミットメントのありように、ぼくは非常に惹かれたのだと思うのです[3]。

　この発言は心理学者の故河合隼雄さんとの対談でなされたものです。河合さんはユングの臨床心理学を日本に導入した先駆者で、箱庭療法という心理療法を開発したことでも知られています。患者さんに箱庭をつくってもらい、それについての語りをとおして心の治癒をうながすという方法です。箱庭であれ映像であれ、何かを媒介として「わたし」について語ってゆく行為は、どこかで「わたし」を治癒することにつながっているのかもしれません。

　ただし、ぼく自身はあくまでメディア論や文化社会学に立脚したうえでデジタルストーリーテリングに取り組んでいるのであって、治療的行為と考えたことは一度もありません。その道の専門家でもない者が安易にそんな考えをもつのは危険でさえあるでしょう。ぼくに言えるのは、デジタルストーリーテリングを経験した学生たちが、それまで彼らを包んでいた透明な膜を破って脱ぎ捨てることができたように見える瞬間がある、ということだけです。彼らに対するぼくなりの共感が、そこに幾分かは含まれているにせよ。

［長谷川一］

1　小川明子・伊藤昌亮「物語を紡ぎ出すデジタル・ストーリーテリング実践——メディア・コンテ・ワークショップの試み」、『社会情報学研究』14（2）, 115-128、2010年、など。
2　作品を観てみたいという方は、以下のURLにアクセスしてみてください。http://www.mg-geika.net/dst_about.html　とりあえず1本観ようというのであれば、「明日香とおじいちゃん」をおすすめします（http://www.mg-geika.net/dst_list10.html作品番号10la1105）。親代わりに大切に育ててくれたユニークなおじいちゃんへの愛を、ユーモアに包んで描いた作品です。技術的な質についてはともかく、率直さという点においては間違いなく一級品です。
3　村上春樹・河合隼雄『村上春樹、河合隼雄に会いにいく』新潮文庫、新潮社、1998年、p.84。

⑲ のぞき見ることと見せること
テクノロジー・映画・アトラクション

1. 映画1分間一発勝負

　最初に、ぼくがときどき実施する簡単なワークショップをご紹介しましょう。題して「映画1分間一発勝負」。

　条件は4つだけ。①手持ちのiPhoneなどのビデオ機能をつかって映像作品をつくる。条件さえ守れば、何をどう撮ってもいい。②カメラは固定して動かさない。ズームも不可。③いったんカメラを回しはじめたら、きっかり60秒後に止める。途中で止めない。編集は一切不可。④撮り直し不可の一発勝負。

　これがなぜ映画？　と疑問をもつ人もいるかもしれません。これらの条件は、映画が誕生したばかりの初期のころ（19世紀末から20世紀への世紀転換期）、当時活躍していたリュミエール兄弟やエジソンらの作品群に共通する特徴から抽出してアレンジしたものです。

　ワークショップを進めましょう。まず3–5名くらいずつグループに分かれ、どんな作品にするか相談します。時間は15分だけ。そんな短時間では、もちろん話なんかまとまりません。けっきょく何をつくるか見通しの立たないまま撮影に突入せざるをえない。撮影時間は20分。その間に段取りからリハーサル、撮影まで、必要な作業をすべておこなう必要がある。そしてビデオの電子データを提出してもらい、1本ずつ全員で鑑賞します。さいごに、いちばん面白かった作品を投票で決めます。

　できあがってくる作品は、大方のご想像どおり、支離滅裂で意味不明のものばかりです。エレベーターのドアがひたすら開いたり閉じたりしているだけだとか、叫びながら誰かが画面に飛び込んできてそのまま走り去ってゆくだとか、中庭に生えている木がただ風にざわざわ揺れているとか。何が言いたいのかさっぱりわからない。仕方ありませんよね、伝えるべき主題や意図を考えている暇などほとんどなかったのだから。そもそもなんらかの意味を表現し伝達することを目的として、そのための媒体としてつくられてはいないのです。

じゃあ、つまらないのか。そうとは限らない。すべての作品で、とまでは言えないものの、上映会のあいだ、観ている学生たちはじつによく笑うのです。

2．映画と直接に触れあう

　彼らを笑わせたものとは、いったい何なのでしょうか。
　主題の解釈や登場人物への共感といった物語的な意味の読み解きでないことは明らかです。意味不明という状況自体を愉しんでいるわけでもないでしょう（眠くなるだけですし）。だとすれば、それは映像それ自体が笑わせたのだと理解するほかない。開閉をくりかえすエレベーターのドアの動き、走り去ってゆく人の動き、葉や枝が風に揺れる動き、そしてそういった「動くもの」が見せられること。そこに彼らは反応したのです。
　思いかえせば誰にでも覚えがあるのではないでしょうか。映像自体に大した意味はなくとも、観ていて不思議に奇妙な味わいが感じられたり、あまりにばかばかしくて思わず笑ってしまったりという経験が。そうしたときにぼくたちは、「動くものを見せる」テクノロジーとしての映画の物質性に対して、身体のレベルで反応し、触れあおうとしているのです。上映会で笑い声をあげた学生たちも、また同様だったでしょう。
　さらにそのときの学生たちは、今から百数十年前の初期の映画観客たちと同じような仕方でもって映画を愉しんでいたということもできる。その当時、映画はまだ、特定の物語を結末に向かって直線的に語る媒体という、後年主流となるような物語映画のスタイルを確立していませんでした。そのため初期の観客たちは、物語の意味を読み解くという形でではなく、映画というテクノロジーそのものを経験する場として、映画を受容していたのです。
　映画というテクノロジーは、つまるところ「動くものを見せる」一連の機械的なしかけです（ご存じのとおり初期は無声映画でした）。たゆたう波がきらきら光るさまだとか、蒸気機関車のロッドが動輪を回転させるようす、風に吹かれる梢がテーブルに落とす影のちらちらと揺れるさま。そういったものたちに、観客は惹かれたのです。しかも当時、専用の映画館というものは存在しなかった。いろんな種類のパフォーマンス——笑劇や漫才、歌や踊りなど——が前後の脈絡なくつぎつぎ演じられるのに混じって、映画は一種の見世物（アトラクション）とし

て上映されていました。観客たちはそうした演(だ)し物に直接よびかけられていると感じ、大声で野次ったり、一緒にうたったりという形で応え、愉しんでいたのです。

3. 映画とメディアリテラシー

　ところが今のメディアリテラシーでは、このような身体レベルで物質性に直接感応するような受容のあり方は、あまり想定されていません。どうしても、映像テクストの記号的読解、それも映像の背後にいるとされるつくり手・送り手の意図や、資本・権力関係の批判的読み解き、みたいな話に傾きがちです。物質性や身体性という言葉がつかわれることがあっても、たいていは、それらも非言語的なメッセージとして、記号的読解の枠組みのなかに回収されてしまう。

　むろんいうまでもなく、それはそれで理解しておくべき大切な事柄です。本書でもそれなりの分量がテクストの記号的読解に費やされていますが、それには相応の理由があるのです。同時に他方で、このような捉え方がすべてではないということも知っておいたほうがいいと、ぼくは考えます。

　なぜ？　と言いたくなった人には、こう訊ねてみたい。仮にメッセージや意図の類があるとして、それを100％解読できたとします。そのあと、どうすればいいのでしょう？　「よくわかりましたので、もう観なくても大丈夫。つぎ、お願いします」。そうとしか言いようがないのではありませんか。

　だとすれば、それはいささか寂しく貧しい話であるように思われます。そもそもテクストの読解とは、あらかじめ埋め込まれた意図や意味をあとから言い当てるゲームではありません。だいいち、映像に触れること自体が愉しいというような物質的で身体的な受容はどこへ行ってしまったのでしょう？

　メディアリテラシー的なものの見方は、もっと豊かで多様なものになっていいはずだし、そのための知恵を、たとえば映画（と映画研究）は与えてくれるはずです。ところがメディアリテラシーの文脈では、映画の立場にはやや微妙なものがある。教材として教育現場でよく取りあげられるわりには、映画そのものについて正面から教えられることがごく少ないのです。

　それにはメディアリテラシーの出自が関係していると考えられます。ひとつ

は、これまでメディアリテラシーの知と実践が第一に相手どってきたものが、なんといってもテレビだったという経緯です。それは、20世紀半ば以降のテレビの圧倒的な普及という現実のなかで、いかに理性によって自己を形づくってゆくかという教育学的な性格を色濃く有しています。もうひとつは、メディアリテラシー教育の発達の中心であった北米やイギリスに関わる地政学的な事情です。そこはまた、映画研究が膨大な蓄積をもって発達してきた中心地でもある。しかし双方の違いは、規模の面でも性格の面でも小さくなく、その交流は必ずしもさかんとはいえないようです。両者間には一種の棲み分け関係が、結果として成立しているようにも見えます。じじつ英語圏のメディアリテラシーの教科書の多くでは、映画が積極的に扱われているとは言いにくい。

4. のぞき見ることと見せること

裏を返せば、だからこそ、映画研究の知見からメディアリテラシーが学ぶべきことは少なくないともいえます。とはいえ、ぼくは映画学者ではないので、きちんとした専門的な説明はできないことをお断りしつつ、ここでは大まかに、近年の映画研究を2つの潮流のせめぎあいとして示してみましょう。

第一の潮流は、1970年代以降の映画研究の主流をなしてきたもので、精神分析・記号論の立場から映画をテクストとして読み解くアプローチです。少々の乱暴を承知のうえでいうならば、つくり手・送り手の意図やメッセージ、権力関係などの記号的読解に力点を置くようなメディアリテラシーの考え方は、どちらかといえばこの潮流に近いといえそうです。

この潮流では、映画の受容とは、ちょうど壁に穿たれた穴から隣家のようすを「のぞき見る」ような行為として捉えられます。壁の穴にあたるスクリーンを挟み、こちら側に観客＝観察者がおり、向こう側に見られるべき別の世界がある。観察者は、向こうの世界を、そこから切り離されたこちら側からのぞき見て、目撃した一連の出来事をなんらかの意味を含んだテクストと捉え、記号的に読み解く。そのとき映画は、無意識の発露として精神分析的解釈の対象と見なされたり、イデオロギーでもって観客を支配するための巧妙な装置と捉えられたりします。

一方、映画の記号的読解をめざす第一の潮流に対抗する形で、もうひとつの

潮流が形成されてきます。初期映画研究です。初期映画とは、先にも述べたように、特定の意図や主題を伝達するべく物語を直線的に語るようなモードを確立する以前の段階ということです。

記号的読解にとって映画は「のぞき見る」テクストであったのに対し、初期映画研究が注目したのは、映画がもつ何かを「見せる」力、一種の見世物性(アトラクション)です。「動くものを見せる」テクノロジーとしての映画と、それに惹かれる身体とが直接に触れあう。先に述べたような初期の映画受容の場には、そうした関係が浮かびあがっていました。映画学者トム・ガニングは、このモードにある映画のことを「アトラクションの映画」とよんでいます（ガニング 1990＝2003：303-315）。

暗闇のなかで、映写機が一定の機械的リズムで作動し、光と影を断続的に映しだす。そのとき観客がしているのは、ただ黙って（あるいは無声映画時代のように大声で野次りつつ）、テクノロジーのリズムに身をまかせてゆくことでしょう。そうした物質的・身体的な関係は、意味や意図を求める記号的読解が成立するのとは異なる次元にあって、映画というしかけを根本から支えているのです。

5．テクノロジー・身体・アトラクション

映画1分間一発勝負の上映会では、意味が不在であるにもかかわらず、学生たちから笑い声があがりました。その現象は、このような物質的で身体的な観点を抜きに理解することはできません。

なお、勘のいい方ならもうお気づきでしょうが、映画1分間一発勝負は、第18章で紹介したデジタルストーリーテリングとセットで捉えると、いっそう理解が深まります。デジタルストーリーテリングでは、映像そのものよりも、何をどのように物語るかということに主眼を置き、集中的に考えました。そのとき映像は、制作者自身がどう意識しているかにかかわらず、主題や意図を物語るための手段や媒体と位置づけられます。一方、映画1分間一発勝負では、特定の意味にしたがって映像を構成することをあえて強力に排除し、物質としての映像をただ「見せる」（そうせざるをない）作品づくりを試みました。なんらかの意味を表現した理解可能な記号的読み解きを拒絶するとき、映像はほ

とんど物質として身体と触れあうのです。

　初期映画研究における、テクノロジーの物質性と身体性の直接的な関係に関わる見方は、メディアリテラシーはもとより、より広いメディア論的な課題にとっても有益な示唆を含んでいるように思われます。というのも、今日の社会では、もはやいちいちそれと意識することさえないほど、さまざまな場所にさまざまな仕方で、さまざまなテクノロジーが複雑に入り込んでいるからです。ここでいうテクノロジーとは、いわゆる情報メディアに限りません。大小や可視不可視を問わず、多種多様なテクノロジーが、しばしばややこしく複合しながら、日常の全域に滲み込んでいる。だから現代の日常は、それを読解すべきテクストと見る以前に、テクノロジーに身体が直接に反応し結びついてゆく行為の連鎖であるのです。テクノロジーと身体のそうした結合を、ぼくは〈アトラクション〉とよんでいます（長谷川 2014）。ガニングのいうような見世物性を帯びたものとして、そして東京ディズニーランドなどに見られる遊戯機械としてのアトラクションと同じようなものとして（第16章も参照）。

　今日の社会とは、イメージが氾濫して輻輳(ふくそう)し、乱反射する合わせ鏡のように相互に映しあうメディア化した社会です。それは同時に、テクノロジーが日常の隅々にまで浸透しきった社会でもある。そんな世界をより深く理解し、そこを生き抜く方途を探るためのひとつの手立てとして、〈アトラクション〉という視座を活かしてゆくことはできないか。そんなことを、ぼくは考えています。けれど、それはまた別のお話——。

［長谷川一］

参考文献

第1章　テレビを考える①
菅谷明子『メディア・リテラシー』岩波新書、岩波書店、2000年。
東京大学情報学環メルプロジェクト・日本民間放送連盟編『メディアリテラシーの道具箱——テレビを見る・つくる・読む』東京大学出版会、2005年。
萩元晴彦・村木良彦・今野勉『お前はただの現在にすぎない——テレビになにが可能か』田畑書店、1969年。
フィスク、ジョン、ジョン・ハートレイ『テレビを〈読む〉』池村六郎訳、未來社、1991年。（Fiske, John, and John Hartley, *Reading Television*, Methuen & Co., Ltd., 1978.）

第2章　テレビを考える②
NHK放送文化研究所編『テレビ視聴の50年』日本放送出版協会、2003年。
佐田一彦『放送と時間——放送の原点をさぐる』文一総合出版、1988年。
高桑末秀『広告の世界史』日本経済新聞社、1994年。

第3章　ニュースを考える
スティーヴンス、ミッチェル『ドラムから衛星まで——ニュースの歴史』笹井常三・引野剛司訳、心交社、1990年。（Stephens, Mitchell, *A History of News*, Viking, 1988.）
竹下俊郎『メディアの議題設定機能——マスコミ効果研究における理論と実証』学文社、2008年。
浜田純一・田島康彦・桂敬一編『新訂新聞学』日本評論社、2009年。
藤竹暁編『図説日本のメディア』NHK出版、2012年。

第4章　ケータイ・スマートフォンを考える
飯田豊編著『メディア技術史——デジタル社会の系譜と行方』北樹出版、2013年。
吉見俊哉『メディア文化論——メディアを学ぶ人のための15話　改訂版』有斐閣、2012年。
吉見俊哉・若林幹夫・水越伸『メディアとしての電話』弘文堂，1992年。

第5章　ソーシャルメディアを考える
梅田望夫『ウェブ進化論——本当の大変化はこれから始まる』ちくま新書、筑摩書房、2006年。
川上量生監修『角川インターネット講座4　ネットが生んだ文化——誰もが表現者の時代』角川学芸出版、2014年。
津田大介『動員の革命——ソーシャルメディアは何を変えたのか』中公新書ラクレ、中央公論新社、2012年。

第6章　ネット社会を考える
NHK『NHKスペシャル"グーグル革命の衝撃"あなたの人生を検索が変える［DVD］』、ポニーキ

ャニオン、2007年。
パリサー、イーライ『閉じこもるインターネット――グーグル・パーソナライズ・民主主義』井口耕二訳、早川書房、2012年。（Pariser, Eli, *The Filter Bubble: What the Internet is Hiding from You*, The Penguin Press, 2011.）
ボイド、ダナ『つながりっぱなしの日常を生きる――ソーシャルメディアが若者にもたらしたもの』野中モモ訳、草思社、2014年。（boyd, danah, *It's Complicated: the social lives of networked teens*, Yale University Press, 2014.）
村井純『インターネット』岩波新書、岩波書店、1995年。
レッシグ、ローレンス『CODE VERSION 2.0』山形浩生訳、翔泳社、2007年。（Lessig, Lawrence, *Code: And Other Laws of Cyberspace, Version 2.0*, Basic Books, 2006.）

第7章　雑誌を考える
稲垣太郎『フリーペーパーの衝撃』集英社新書、集英社、2008年。
仲俣暁生・フィルムアート社編集部編『編集進化論――editするのは誰か？』フィルムアート社、2010年。
吉田則昭・岡田章子編『雑誌メディアの文化史――変貌する戦後パラダイム』森話社、2012年。

第8章　ラジオを考える
シェーファー、R.マリー『世界の調律――サウンドスケープとはなにか』鳥越けい子・小川博司・庄野泰子・田中直子・若尾裕訳、平凡社、1986年。（Schafer, R. Murray, *The Tuning of the World*, Knopf, 1977.）
マクルーハン、マーシャル『メディア論――人間の拡張の諸相』栗原裕・河本仲聖訳、みすず書房、1987年。（McLuhan, Marshall, *Understanding Media: The extensions of man*, McGrew-Hill Book Company, 1964.）
松浦さと子・川島隆編著『コミュニティメディアの未来――新しい声を伝える経路』晃洋書房、2010年。
水越伸『メディアの生成――アメリカ・ラジオの動態史』同文舘出版、1993年。

第9章　メディアとジェンダー、エスニシティ
カナダ・オンタリオ州教育省編『メディア・リテラシー――マスメディアを読み解く』FCT（市民のテレビの会）訳、リベルタ出版、1992年。（Ontario Ministry of Education, *Media Literacy: Resource Guide*, Queen's Printer for Ontario, 1989.）
国広陽子・東京女子大学女性学研究所編『メディアとジェンダー』勁草書房、2012年。
シルバーブラット、アート他『メディア・リテラシーの方法』安田尚監訳、リベルタ出版、2001年。（Silverblatt, Art, Jane Ferry, and Barbara Finan, *Approaches to Media Literacy: A Handbook*, M.E.Sharpe Inc., 1999.）
鈴木みどり編『Study Guide メディア・リテラシー【ジェンダー編】』リベルタ出版、2003年。
バッキンガム、デビッド『メディア・リテラシー教育――学びと現代文化』鈴木みどり監訳、世界

思想社、2006年。(Buckingham, David, *Media Education: Literacy, Learning and Contemporary Culture*, Blackwell, 2003.)

マスターマン、レン『メディアを教える――クリティカルなアプローチへ』宮崎寿子訳、世界思想社、2010年。(Masterman, Len, *Teaching the Media*, Comedia, 1985.)

Hall, Stuart, *Representation: Cultural Representations and Signifying Practices*, Sage & The Open University, 1997.

第10章　メディアリテラシーの系譜

上杉嘉美『カナダのメディア・リテラシー教育』明石書店、2008年。

カナダ・オンタリオ州教育省編『メディア・リテラシー』(第9章で前掲)。

後藤和彦・坂元昂・高桑康雄・平沢茂編『メディア教育のすすめ(1)　メディア教育を拓く』ぎょうせい、1986年。

菅谷明子『メディア・リテラシー』(第1章で前掲)。

鈴木みどり編『メディア・リテラシーの現在と未来』世界思想社、2001年。

鈴木みどり編『新版Study Guide メディア・リテラシー入門編』リベルタ出版、2004年。

中橋雄『メディア・リテラシー論――ソーシャルメディア時代のメディア教育』北樹出版、2014年。

バッキンガム、デビッド『メディア・リテラシー教育』(第9章で前掲)。

マスターマン、レン『メディアを教える』(第9章で前掲)。

水越伸『新版デジタル・メディア社会』岩波書店、2002年。

水越伸・吉見俊哉編『メディア・プラクティス――媒体を創って世界を変える』せりか書房、2003年。

水越伸・東京大学情報学環メルプロジェクト編『メディアリテラシー・ワークショップ――情報社会を学ぶ・遊ぶ・表現する』東京大学出版会、2009年

メディアリテラシー研究会『メディアリテラシー――メディアと市民をつなぐ回路』日本放送労働組合、1997年。

森本洋介『メディア・リテラシー教育における「批判的」な思考力の育成』東信堂、2014年。

山内祐平・森玲奈・安斎勇樹『ワークショップデザイン論――創ることで学ぶ』慶應義塾大学出版会、2013年。

Scheibe, Cynthia, and Faith Rogow, *The Teacher's Guide to Media Literacy: Critical Thinking in a Multimedia World*, Sage, 2012.

第11章　写真で地域を物語る

ソンタグ、スーザン『写真論』近藤耕人訳、晶文社、1979年。(Sontag, Susan, *On Photography*, Farrar, Straus and Giroux, 1977.)

西村清和『視線の物語・写真の哲学』講談社、1997年。

バージャー、ジョン『イメージ――視覚とメディア』伊藤俊治訳、ちくま学芸文庫、筑摩書房、2013年。(Berger, John, *Ways of Seeing*, Penguin Books Ltd, 1972.)

第12章　自分を撮る

岡田朋之・松田美佐編『ケータイ社会論』有斐閣、2012年。
バルト、ロラン『明るい部屋——写真についての覚書』花輪光訳、みすず書房、1985年。（Barthes, Roland, *La Chambre Claire: Note sur la photographie*, Gallimard, 1980.）
港千尋『映像論——〈光の世紀〉から〈記憶の世紀〉へ』日本放送出版協会、1998年。
ライアン、デイヴィッド『監視社会』河村一郎訳、青土社、2002年。（Lyon, David, *Surveillance Society: Monitoring everyday life*, Open University Press, 2001.）

第13章　街中にあふれる記号を読む

北田暁大『増補 広告都市・東京——その誕生と死』ちくま学芸文庫、筑摩書房、2011年。
デザインノート編集部『グラフィックデザイナーのサインデザイン』誠文堂新光社、2009年。

第14章　メディアとしての空間

石田佐恵子・村田麻里子・山中千恵編『ポピュラー文化ミュージアム——文化の収集・共有・消費』ミネルヴァ書房、2013年。
川口幸也編『展示の政治学』水声社、2009年。
吉見俊哉『博覧会の政治学』中公新書、中央公論新社、1992年。

第15章　複製される空間と行為

長谷川一『アトラクションの日常——踊る機械と身体』河出書房新社、2009年。
鷲巣力『公共空間としてのコンビニ——進化するシステム24時間365日』朝日選書、朝日新聞出版、2008年。

第16章　イメージの帝国

能登路雅子『ディズニーランドという聖地』岩波新書、岩波書店、1990年。
長谷川一『ディズニーランド化する社会で希望はいかに語りうるか——テクノロジーと身体の遊戯』慶應義塾大学出版会、2014年。
ボードリヤール、ジャン『シミュラークルとシミュレーション』竹原あき子訳、法政大学出版局、1984年。（Baudrillard, Jean, *Simulacres et simulation*, Galilée, 1981.）

第17章　「よく知っている」を捉えなおす

赤瀬川原平『超芸術トマソン』ちくま文庫、筑摩書房、1987年。
長谷正人『映像という神秘と快楽——「世界」と触れ合うためのレッスン』以文社、2000年。
リンチ、ケヴィン『都市のイメージ　新装版』丹下健三・富田玲子訳、岩波書店、2007年（邦訳初版は1968年）。（Lynch, Kevin, *The Image of the City*, The MIT Press, 1960.）

第18章　「わたし」とは誰なのか

小川明子「「デジタル・ストーリーテリング」の可能性—— BBC・Capture Walesを例に」、『社会情

報学研究』10（2），25-35, 2006年。
ホール、スチュワート「誰がアイデンティティを必要とするのか？」宇波彰訳、スチュワート・ホール、ポール・ドゥ・ゲイ編『カルチュラル・アイデンティティの諸問題』宇波彰・柿沼敏江・佐復秀樹・林完枝・松畑強訳、大村書店、2001年所収、pp. 7-35。（Hall, Stuart, "Who Needs 'Identity'?" in Hall, Stuart, and Paul Du Gay (eds.), *Questions of Cultural Identity*, Sage Publication, 1996.）
鷲田清一『「聴く」ことの力——臨床哲学試論』ちくま学芸文庫、筑摩書房、2015年。

第19章　のぞき見ることと見せること

ガニング、トム「アトラクションの映画——初期映画とその観客、そしてアヴァンギャルド」中村秀之訳、長谷正人・中村秀之編訳『アンチ・スペクタクル——沸騰する映像文化の考古学』東京大学出版会、2003年所収、pp. 303-315。（Gunning, Tom, "The Cinema of Attractions: Early Film, Its Spectator and Avant-Garde," in Elsaesser, Thomas, and Adam Barker (eds.), *Early Cinema: Space, Frame, Narrative*, BFI Publishing, 1990, pp. 56-62.）
長谷川一『ディズニーランド化する社会で希望はいかに語りうるか』（第16章で前掲）。
メッツ、クリスチャン『映画と精神分析——想像的シニフィアン』鹿島茂訳、白水社、1981年。（Metz, Christian, *Le signifiant imaginaire: psychanalyse et cinema*, Union générale d'Editions, 1977.）

執筆者紹介

長谷川 一（はせがわ　はじめ）
→編著者について
担当：本書の活かし方、第Ⅲ部はじめに、15章、16章、17章、18章、19章。

村田麻里子（むらた　まりこ）
→編著者について
担当：本書の活かし方、第Ⅰ部はじめに、第Ⅱ部はじめに、9章、14章、コラム8。

林田真心子（はやしだ　まみこ）
福岡女学院大学 人文学部 准教授。東京大学大学院学際情報学府博士課程満期退学。『コミュナルなケータイ』（共著、岩波書店）ほか。
担当：1章、8章、12章。

古川柳子（ふるかわ　りゅうこ）
明治学院大学 文学部 教授。東京大学大学院学際情報学府博士課程満期退学。テレビ朝日報道局・編成制作局勤務を経て現職。『コミュナルなケータイ』（共著、岩波書店）。
担当：2章、コラム1、コラム2。

土屋祐子（つちや　ゆうこ）
桃山学院大学 国際教養学部 准教授。東京大学大学院学際情報学府修士課程修了。メディア実践のワークショップを多く手がける。『現代地域メディア論』（共著、日本評論社）ほか。
担当：3章、10章、11章。

宮田雅子（みやた　まさこ）
愛知淑徳大学 創造表現学部 教授。東京大学大学院学際情報学府修士課程修了。『メディアリテラシー・ワークショップ』（共著、東京大学出版会）ほか。
担当：4章、5章、7章、13章。

小笠原盛浩（おがさはら　もりひろ）
東洋大学 社会学部 教授。東京大学大学院学際情報学府博士課程満期退学。主要論文「ソーシャルメディア上の政治コミュニケーションとマスメディア」ほか。
担当：6章。

松井修視（まつい　しゅうじ）
関西大学 名誉教授。福岡大学大学院法学研究科博士課程満期退学。『レクチャー情報法』（法律文化社）ほか。
担当：コラム3、コラム4。

溝尻真也（みぞじり　しんや）
目白大学 メディア学部 准教授。東京大学大学院学際情報学府博士課程満期退学。専門は音楽メディア研究。『メディア技術史』（共著、北樹出版）ほか。
担当：コラム5。

劉 雪雁（りゅう　しゅえいえん）
関西大学 社会学部 教授。東京大学大学院人文社会系研究科博士課程満期退学。『東アジアの電子ネットワーク戦略』（共著、慶應義塾大学出版会）ほか。
担当：コラム6。

森本洋介（もりもと　ようすけ）
弘前大学 教育学部 准教授。博士（教育学）。京都大学大学院教育学研究科博士課程満期退学。『メディア・リテラシー教育における「批判的」な思考力の育成』（東信堂）。
担当：コラム7。

編著者について

長谷川　一（はせがわ　はじめ）
明治学院大学 文学部 教授。博士（学際情報学）。東京大学大学院学際情報学府博士課程満期退学。『ディズニーランド化する社会で希望はいかに語りうるか』（慶應義塾大学出版会）、『アトラクションの日常』（河出書房新社）、『出版と知のメディア論』（みすず書房）、『知の現在と未来』（共著、岩波書店）、『本は、これから』（共著、岩波書店）ほか。

村田麻里子（むらた　まりこ）
関西大学 社会学部 教授。博士（学際情報学）。東京大学大学院学際情報学府博士課程満期退学。『思想としてのミュージアム——ものと空間のメディア論』（人文書院）、『マンガミュージアムへ行こう』（共編著、岩波書店）、『ポピュラー文化ミュージアム——文化の収集・共有・消費』（共編著、ミネルヴァ書房）ほか。

編集協力：(株) 翔文社　　本文組版：(株) エディット

大学生のためのメディアリテラシー・トレーニング

2015年9月10日第1刷発行　編著者：長谷川　一、村田麻里子
2021年6月10日第3刷発行　発行者：株式会社 三省堂　代表者 瀧本多加志
　　　　　　　　　　　　印刷者：三省堂印刷株式会社
　　　　　　　　　　　　発行所：株式会社 三省堂
　　　　　　　　　　　　〒101-8371 東京都千代田区神田三崎町二丁目22番14号
　　　　　　　　　　　　電話　編集 (03) 3230-9411　営業 (03) 3230-9412
　　　　　　　　　　　　https://www.sanseido.co.jp/

落丁本・乱丁本はお取り替えいたします。

©Hajime HASEGAWA, Mariko MURATA 2015
Printed in Japan
ISBN978-4-385-36534-3

〈メディアリテラシートレーニング・160+32pp.〉

本書を無断で複写複製することは、著作権法上の例外を除き、禁じられています。また、本書を請負業者等の第三者に依頼してスキャン等によってデジタル化することは、たとえ個人や家庭内での利用であっても一切認められておりません。